新版
福祉コミュニティ形成の研究
― 地域福祉の持続的発展をめざして ―

瓦井　昇 著

大学教育出版

「あなたに食事を出し、話に耳を傾ける人間は
私たちだけかもしれないけれど、
私たちもあなたといっしょに人生という混沌の中にいる。
ここはコミュニティ、私たちは家族なのだ。」

ロバート・コールズ著（池田比佐子訳）『ボランティアという生き方』
朝日新聞社、1996年

まえがき

　かつて日本社会事業大学の大橋謙策教授は、「関西シューレ」と呼んだことがあった。関西の大学に所属して、地域福祉の論陣を張る主要な研究者らを指してである。とすれば、大阪府立大学で右田紀久恵先生、定藤丈弘先生、牧里毎治先生から学び、京都府社会福祉協議会に就職して、職場のOBでもある同志社大学の井岡勉先生、渡辺武男先生の知遇を得て、関西学院大学の高田真治先生に総まとめの指導を受けた筆者は、さしずめ関西シューレの塾生といったところかもしれない。

　上述の先生方からの僥倖な学恩を感じつつ、地域福祉を通じての人との出会いを大切にして、筆者は福祉コミュニティのあり方を思索し続けてきた。福祉コミュニティ概念の汎用のされ方があまりにも混乱錯綜し、その形成の方向性に明瞭さを欠いていると感じたからである。こうした研究の成果である本書は、未だ十分に地域福祉論が体系化できていない現状を問題意識に据えている。それがあって福祉コミュニティ概念は、地域福祉の論者の持論に適合したかたちで取り込まれ、さまざまな再解釈がなされてきた。

　この経緯を把握するために、本書の第Ⅰ部では、地域福祉の歴史観をきちんと確立したうえで、従前の福祉コミュニティ概念を類型化する作業に取り組んだ。これが安易なタイポロジーだと批判されても、まずもって「分ける」ことが「分かる」ことにつながると考えている。

　類型化した概念に基づいて第Ⅱ部では、福祉コミュニティ形成の方法論を試論している。ここにおいては、それに関与する人々の行為を行動（action）と営為（conduct）の観点で考察した。前者では、特定の共通目的の下に人々を結集させる機能重視のモデルを構想し、後者では、いかに実践の知識を関与する者が選択していくかをとらえる主観重視のモデルを構想している。そしてこの両モデルをもって福祉コミュニティが持続的に形成されるパラダイムとし、これらを

地域福祉計画に位置づける一方、福祉コミュニティを共生社会へと発展させる評価の基軸をつけ加えて結論とした。

　以上の論考は、実証的研究ではなく推論の展開で終始している。そのため本書の内容のほとんどは、砂上の楼閣と評されても仕方がない危うさをもつ。しかしながらこれは、地域福祉の実践活動に身を置きながら、福祉コミュニティの形成をどう考えればよいかで呻吟し続けた筆者が、何とかたどり着いた答えでもある。読者からの忌憚のない批判を仰ぎたいと思う。

　最後に、このような処女作の理論書に出版の途を拓いてくださった、大学教育出版の佐藤守氏に対して、心から感謝の意を表したい。

2003年6月

瓦井　昇

新版 福祉コミュニティ形成の研究
―地域福祉の持続的発展をめざして―

目　次

まえがき …………………………………………………………………………… i

序　章　問題の所在と研究の視点

第1節　地域福祉論の体系化の課題 ……………………………………………… 1
　　1．狭義の地域福祉と広義の地域福祉　1
　　2．福祉コミュニティへの政策的な期待　2

第2節　福祉コミュニティをめぐる意見の相違 ………………………………… 3
　　1．考え方の混乱をもたらした3つの要因　3
　　2．福祉コミュニティに対する批判　5

第3節　本書の構成と視点 ………………………………………………………… 5

第Ⅰ部　地域福祉論と福祉コミュニティの概念

第1章　地域福祉の歴史と社会福祉協議会の沿革

第1節　社協発足の契機とその背景 ……………………………………………… 10
　　1．草創期の社協の様相　10
　　2．社協の組織化を急いだ理由　12

第2節　CO論の組成とわが国への導入 ………………………………………… 14
　　1．英米での民間福祉活動の胎動　14
　　2．CO論への統合と発展　15
　　3．社協活動へのCO論の適用　17

第3節　社協基本要項とCOの組織化説 ………………………………………… 17
　　1．社協基本要項の策定　17
　　2．ロスの組織化説　18
　　3．地区組織活動の黎明　19
　　4．社協基本要項に対する見解の相違　20
　　5．財政面での社協の苦境　20

第4節　地域福祉への時代的要請 ………………………………………………… 21
　　1．外在的要因①－福祉政策の転換　21
　　2．外在的要因②－過疎化とコミュニティ政策　23
　　3．内在的要因①－住民の問題意識の高まり　24
　　4．内在的要因②－人口の高齢化の進行　25

第5節　地域福祉の骨格形成とコミュニティケア ……………………………… 26
　　1．地域福祉の「ニーズの全体性」と「個の主体性」の重視　26
　　2．コミュニティケアの概念と変遷　28

第2章　地域福祉論の対立軸と在宅福祉政策

第1節　地域福祉概念の諸相 …………………………………………………… 34
1．地域福祉論を分化させた影響　34
2．構造的概念のアプローチ　35
3．機能的概念のアプローチ　37

第2節　地域福祉論の理論的な相違点 ………………………………………… 39
1．理論の認識と目的　39
2．実存と社会の問題関心と認識目的　40

第3節　在宅福祉政策への再編の軌跡 ………………………………………… 42
1．『在宅福祉サービスの戦略』の影響　42
2．福祉改革と社協活動の再編　43
3．歴史と沿革のまとめ　45

第3章　コミュニティを対象化する理論

第1節　地域福祉におけるコミュニティの対象化 …………………………… 48
1．コミュニティケアとコミュニティ　48
2．住民主体の原則とコミュニティ　49

第2節　社会学におけるコミュニティ概念 …………………………………… 51
1．上位概念的なコミュニティ　52
2．下位概念的なコミュニティ　53
3．生態学的なコミュニティ　54
4．ワースのアーバニズム論　55
5．ウォーレンのコミュニティ・システム論　56

第3節　日本の都市社会学研究の業績 ………………………………………… 57
1．第一世代の都市社会学者の業績　58
2．第二世代の都市社会学者の業績　58

第4節　コミュニティ概念の分類とコミュニティに与える価値 …………… 63
1．個人とコミュニティの関係　63
2．コミュニティ概念の分類　64
3．福祉コミュニティ形成の価値命題　65

第4章　福祉コミュニティ概念の類型化

第1節　岡村重夫の福祉コミュニティ概念 …………………………………… 69
1．福祉コミュニティ概念の構造　69
2．上位概念的な福祉コミュニティの構想　72

第2節　〈分節化〉の福祉コミュニティ論 ……………………………………………… 73
　　　　1．三浦文夫の福祉コミュニティ概念　73
　　　　2．全社協の福祉コミュニティ概念　75
　　第3節　〈連接化〉の福祉コミュニティ論 ……………………………………………… 76
　　　　1．「あらたな公共」の規範　76
　　　　2．自治型地域福祉と福祉コミュニティ　78
　　第4節　〈基礎化〉の福祉コミュニティ論 ……………………………………………… 79
　　　　1．小学校区重視の福祉コミュニティ　79
　　　　2．町内会・自治会重視の福祉コミュニティ　80
　　第5節　福祉コミュニティの機能と概念の分析 ………………………………………… 81
　　　　1．福祉コミュニティの機能と機能的コミュニティ　81
　　　　2．福祉コミュニティ概念の分析　82

第5章　福祉コミュニティ論の新たな視角
　　第1節　コミュニティ概念の多元化…………………………………………………… 86
　　　　1．都市社会学者による福祉コミュニティ概念　86
　　　　2．住民の主体性への新しい視点の必要性　87
　　　　3．〈脱地域〉の社会理論　88
　　第2節　地域福祉における〈新しい参加〉の流れ …………………………………… 90
　　　　1．組織的な参加の分類　90
　　　　2．〈新しい参加〉のアイデンティティ　92
　　　　3．〈新しい参加〉の組織の特性　95
　　第3節　アイデンティティの視角と多系的な機能の追求 ……………………………… 97
　　　　1．アイデンティティ重視の福祉コミュニティ論　97
　　　　2．多系的な機能をもった福祉コミュニティの形成　98

　　　　　　　　　　　第Ⅱ部　福祉コミュニティ形成の方法論

第6章　福祉コミュニティ形成の基本的視座
　　第1節　多系的な機能をもった福祉コミュニティ形成のパラダイム ……………… 103
　　　　1．概念と指標　103
　　　　2．方法論とパラダイム　104
　　第2節　社会システムとしての福祉コミュニティ …………………………………… 105
　　　　1．社会システムの存続と構造　105
　　　　2．利害システムと役割システム　107

第3節　技術的基軸としてのCO論の適用 …………………………………… *108*
　　　　　1．タスク・ゴールとプロセス・ゴールの設定　*108*
　　　　　2．ロスマンによる方法モデルの変遷　*109*
　　　　　3．コミュニティ・インターベンションの戦略　*112*

第7章　〈資源－活用システム〉の連関モデルの構想

　　　第1節　事前評価の技術と展開 …………………………………………………… *120*
　　　　　1．コミュニティ・ニーズ・アセスメント　*120*
　　　　　2．事前評価の枠組み　*121*
　　　　　3．社会資源がある対象圏域の設定　*122*
　　　第2節　AGIL 4機能図式の応用 ………………………………………………… *123*
　　　　　1．パーソンズの社会システム論　*124*
　　　　　2．福祉コミュニティのサブシステムへの適合　*125*
　　　第3節　〈資源－活用システム〉の連関モデル ………………………………… *128*
　　　　　1．過程の分析－プロセス・ゴールの設定　*128*
　　　　　2．AGIL 4機能図式に対する批判　*132*

第8章　〈自立－擁護システム〉の連関モデルの構想

　　　第1節　社会福祉基礎構造改革と権利擁護の課題 ……………………………… *135*
　　　　　1．社会福祉基礎構造改革の方向性　*135*
　　　　　2．権利擁護と社協活動の変遷　*136*
　　　　　3．権利擁護のシステムとアドボカシー　*137*
　　　第2節　アドボカシーの理論とその実践の次元 ………………………………… *138*
　　　　　1．ソーシャルワーク・アドボカシーの区分　*138*
　　　　　2．アドボカシー実践の次元　*140*
　　　第3節　権利擁護に関連する他のアプローチ …………………………………… *143*
　　　　　1．オンブズマンの現況と課題　*143*
　　　　　2．行政手続法の内容と条例化の課題　*144*
　　　　　3．ＡＤＲ理論に基づいたアドボカシー実践の検討　*146*
　　　第4節　現象学的社会学の応用の試み …………………………………………… *146*
　　　　　1．主観的な解釈の必要性　*147*
　　　　　2．2通りの「行動」の動機　*147*
　　　　　3．バーガーとルックマンの『日常世界の構成』　*149*
　　　第5節　〈自立－擁護システム〉の連関モデル ………………………………… *150*
　　　　　1．人間が社会化する弁証法図式　*150*
　　　　　2．組織化活動とアドボカシーへの適合　*151*
　　　　　3．過程の分析－プロセス・ゴールの設定　*156*

第9章　福祉コミュニティの機能・意味・構造の統合

第1節　地域福祉計画論の推移と特性 …………………………………………… 161
1．地域福祉計画論の推移　*161*
2．効率性と有効性の重視　*162*

第2節　地域福祉計画への連関モデルの組み込みと評価の指標 …………… 164
1．構想計画への組み込み　*164*
2．事前評価と事後評価　*165*
3．コミュニティ評価のモニタリング　*168*
4．逆機能とソーシャル・アクション　*171*

第3節　福祉コミュニティの自己組織化を目標にする ……………………… 174
1．社会科学の方法と自己組織性の理論　*174*
2．福祉コミュニティの自己組織化　*175*

終　章　21世紀における福祉コミュニティ形成の課題

第1節　本書の研究の意義と残された課題 …………………………………… 179
1．本書の研究の意義　*179*
2．残された課題　*180*

第2節　人口減少社会の到来とコミュニティの変動 ………………………… 181
1．人口減少社会が問うもの　*181*
2．地方分権と市町村合併　*182*
3．中山間地域での人口減少の問題　*183*
4．要援護者の問題をとらえる視点　*184*
5．問題の構図とその方策　*185*

初出一覧 ……………………………………………………………………………… 187

索　引 ………………………………………………………………………………… 188

新版 福祉コミュニティ形成の研究
― 地域福祉の持続的発展をめざして ―

序章
問題の所在と研究の視点

◆◆◆

第1節　地域福祉論の体系化の課題

1. 狭義の地域福祉と広義の地域福祉

　戦後から整備されてきた社会福祉六法は、対象者別の処遇を規定していた。しかし地域福祉の領域では、地域社会において福祉の総合化を図りつつ、住民に共通する生活課題を対象としている。このため縦割り行政の弊害をみつめ、福祉行政の枠を超えて関連の保健や医療・教育・雇用・住宅などまでの生活行政の再編成を課題にとらえている。そして住民の生活の場である地域社会にて、新たな福祉の発展を促す先駆的な実践を積み重ねてきた。

　この地域福祉の推進は、社会福祉法の第1条に目的として掲げられたが、その全体像を解明するのは、思いのほか困難である。けれどもおおよその概念は、狭義の地域福祉と広義の地域福祉に大別ができる。狭義の地域福祉は、諸外国から導入した福祉の方法論（コミュニティ・オーガニゼーション、コミュニティケア、ノーマライゼーションなど）を基礎とし、主として歴史的に社会福祉協議会が実践で練成してきた、次のような活動から構成される。

① 地域福祉の推進に必要な組織化の活動
② 生活に必要な福祉サービスの提供の活動
③ 生活環境などの改善の活動

昨今では、セルフヘルプ・グループ、ケースマネジメント、ソーシャル・サポート・ネットワークなどの方法論も、次々と上記の活動に適用されている。これを地域福祉の着実な進展とみるか、地域福祉が社会の問題の根幹を見失う陥穽に落ち込んでいるとみるかは、論者の意見が分かれている。いずれにせよ、狭義の地域福祉はますます多様化する様相を呈している。

もう一方の広義の地域福祉とは、社会福祉を構成する老人福祉、身体障害者福祉、児童福祉、知的障害者福祉、精神障害者保健福祉などの分野において、地域福祉の考え方が積極的に取り入れられ、多角化しているのを意味する。近年になってこれらの福祉でも、自立・地域支援・社会復帰・参加などがキー概念となり、地域福祉の諸技術を幅広く活用するようになってきた。

以上のように、地域福祉の役割が年々重視されるのに比例して内容が多様化し、かつその対象が多角化していくために、学問としての地域福祉論の体系化は困難さを増してきている。こうした状況をふまえると、現代的な福祉コミュニティの構成要素とその形成を考えることが、狭義から広義にわたる地域福祉の課題をとらえる一方、地域福祉論の体系化を図るうえでの基点にもなる、というのが本書の趣旨である。

2. 福祉コミュニティへの政策的な期待

すでに福祉コミュニティの形成は、地域福祉の重要課題として何度も論じられてきた。たとえば沢田清方は、社会福祉協議会の存在の意味が福祉コミュニティの実現の1点にあると主張する[1]。けれども最近では各種のNPOも、福祉的なアプローチを用いたコミュニティの創出に意欲をみせている。さらに民間団体だけでなく、国や都道府県における政策の目標にも福祉コミュニティは掲げられている[2]。

1993（平成5）年4月に厚生省が告示した『国民の社会福祉に関する活動への

参加の促進を図るための措置に関する基本的な指針』は、近年の高齢化の進展、家族形態・扶養意識の変化、自由時間の増大、生活の質や心の豊かさの重視などを背景として、ボランティア活動への関心が高まってきた点に着目し、そうしたものに国民の参加を促す目的をもって示された。このなかに以下のような叙述を含む「第1の4．皆が支え合う福祉コミュニティーづくり」の項目がある。

> 「従来、ボランティア活動は一部の献身的な人が少数の恵まれない人に対して行う一方的な奉仕活動と受けとめられがちであったが、今後はこれにとどまらず、高齢化の進展、ノーマライゼーションの理念の浸透、住民参加型互酬ボランティアの広がり等に伴い、地域社会の様々な構成員が互いに助け合い交流するという広い意味での福祉マインドに基づくコミュニティーづくりを目指す。」

このように福祉コミュニティへの注目は、国から地方までに及んでいる。その前提には、高度経済成長期以降の都市化により、各地のコミュニティが崩壊しつつあるとの認識がある。こうした情勢にあって福祉コミュニティには、地域福祉の新たな可能性を拓くとともに、コミュニティの再生の契機となることが期待されてきた。

第2節　福祉コミュニティをめぐる意見の相違

1．考え方の混乱をもたらした3つの要因

ごく一般的に、地域社会で実践されている福祉コミュニティの形成は、ほぼ次の2点に目標が集約できる。

① 地域社会での福祉課題の発生・顕在化から解決へと至る過程において、要援護者の援助に必要となる福祉的な機能を確立する。
② ノーマライゼーションの理念に依拠し、地域社会で要援護者とともに生きるために、生活環境などの改善を図るまちづくりを推進する。

換言すると福祉コミュニティの形成は、福祉的機能の確立とまちづくりの課

題の2つの側面で取り組まれている。これは岡村重夫が著した『地域福祉論』（1974年）によって示された、福祉コミュニティの概念に準拠したものといえる。しかしながら実践のレベルでは、明らかに福祉コミュニティの考え方は混乱している。言葉のなじみやすさとは裏腹に、その形成の方法論に対して、住民や関係者は茫漠さを感じている。

　これには3つの要因が考えられる。最初の要因は、福祉コミュニティ概念の基礎となる地域福祉論が、個人の生存の意味に関わる側面と社会のあり方に関わる側面とで、関心の度合いが異なった点にある。1970年代から地域福祉論の研究は隆盛してきたが、地域福祉の理論的な蓋然性が研究者によって違ったために、上記の2つの側面を境に理論の分化が余儀なくされた。こうして地域福祉論の対立軸が明瞭となるにつれて、福祉コミュニティの考え方も各々の論者に合ったかたちで取り込まれ（あるいは反発され）、その本質が判然としないものになった。

　2つ目の要因としては、急速に福祉コミュニティが政策課題となった点がある。馬場啓之助（元社会保障研究所長）は、1970年代後半に次のような主張をしている。

> 「社会福祉は人びとの日常生活圏が家族機能を内に含みながら、これを補完する福祉コミュニティとしての内実を備えることを要求している。（中略）福祉コミュニティを日本の社会に定着させることがなくては、『社会福祉の日本的展開』はありえない。」[3]（圏点は馬場）

　このように期待概念として政策への導入を急いだ結果、実在概念としての福祉コミュニティへの追究が不十分なままとなった。何よりも基礎となるコミュニティの実態を検証する目に、冷静な判断を欠いていた点は否めなかった。

　3つ目の要因は2つ目と関連する。それは福祉コミュニティが〈地域福祉〉と〈コミュニティ〉による連字符の概念であるのに、岡村以降の都市社会学の研究成果をあまり検討しなかった影響である。コミュニティ概念を多様にした諸研究に、福祉コミュニティの研究が追随しないで、むしろ軽視しようとする姿勢が一部にみられたことが、福祉コミュニティの定着を困難にした感がある。

2. 福祉コミュニティに対する批判

岡村の概念から離れていき、政策的な期待概念として地域福祉の諸機能をコミュニティに定位させるというあり方を強めた結果、福祉コミュニティは批判にもさらされ始めた。そこでは政策的な期待の背後にある意図やコミュニティ概念との整合性の問題などが指摘されている。

真田是は、福祉コミュニティの構想を「地域にある社会福祉の対象への地域社会での社会資源を含めたあるシステマティックな対応とするもの」[4]が多数であるととらえ、それは全体社会や地域社会の構造と社会福祉との関連を欠き、また福祉コミュニティを現実化し実現する方針にも欠くと批判する。真田は、福祉コミュニティの実現を追求するときは階級的・構造的な抵抗があるもので、階級闘争がなく福祉の側面だけで実現することはあり得ないと主張する。もし福祉だけで福祉コミュニティが実現されたとすれば、それは似て非なる、一般住民の負担と自前で作り出された地域福祉システムにほかならないと論じている[5]。もちろんこうした批判は、地域福祉に対する真田の構造的な見解に基づいたものである。

一方で稲上毅は、福祉コミュニティの規範的イメージが一人歩きをし、経験的現実に読み換える作業が疎かになっている点を批判する。またコミュニティの形成が内に向かう成員の共通利害と共有シンボルによって促進されること、強靭なコミュニティがしばしば成員・利害・シンボルをめぐって排他的となる危険性に注意を促している[6]。

第3節　本書の構成と視点

本書の目的は、福祉コミュニティをあいまいにした3つの要因をふまえ、新たな福祉コミュニティ形成の方法論の確立をめざすことにある。そこで第1部では、要因の1つ目としてあげた、地域福祉論が分化した経緯を把握するために、地域福祉の活動・方法・政策に関する歴史を詳述し、これに従って主要な福祉研究者による地域福祉論の概要を取り上げる。

続いて、福祉コミュニティ概念の基礎となる内外の都市社会学の研究業績を整理したうえで、福祉コミュニティを対象としてとらえるのに、コミュニティの概念が重要な意味をもつことを検証する。また福祉コミュニティの機能をめぐる問題を、アソシエーションの概念との対比で検討する。さらにこれらの理論を基礎として、今日まで地域福祉論に示された福祉コミュニティ概念の類型化を試みる。そのうえで、これまでにない新しい視角をもった福祉コミュニティ論を提唱する。

　第Ⅱ部においては、福祉コミュニティ概念を包括する「多系的な機能をもつ福祉コミュニティ」を目標とし、その形成の方法論を考察する。このパラダイムを構築する際には、社会学の理論を適用した試論を展開する。それをもって福祉コミュニティ形成のあり方を示すモデルを構想し、共生社会へと至る新たな評価の基軸を設定して、これらを地域福祉計画に位置づけることを結論とする。

　なお本書では、社会システムとして福祉コミュニティを形成する立場を取り、自己組織性の理論を意識している。つまり外部環境との相互作用、構成要素間の相互作用・相互浸透を通して自己の秩序を変容させての、新たな秩序の創出をめざしている。そこでは、ソーシャル・アクションや新しい社会運動の作用は検証するが、資本主義社会の構造矛盾がもたらす問題は、ほとんど捨象している。

　こうした社会問題の追究が、人間の実存を全うするための基本的条件を問うものとなり、また階級史観をもつことで社会の不合理性を明確にできる意義は理解している。しかしながら、社会システムとして福祉コミュニティの形成を考察するのもそうした基本的条件を与えるものとなる。それぞれの立場に沿った研究の成果は、ともに人間の実存によい条件を出しあうはずであり、双方が侵害しあう関係に陥ってはならないと考える。

　本書が結論に至るまでに、個別の地域福祉活動が意味のつながる成果をあげるため、客観的な福祉コミュニティの機能と要援護者の主体的な行動を、それぞれ連関させながら発展していく2つのモデルを構想する。そこでは社会システムとしての福祉コミュニティ形成を論じても、基本姿勢としては「人が社会を

創る」あり方を追究している。

【注】
1）沢田清方「新たな地域福祉の確立」『社会福祉研究』第76号、鉄道弘済会、1999年、61頁。
2）たとえば、『茨城県長期総合計画（改定）』は、平成13年度から平成17年度までの県政運営の基本指針として立案されたものであるが、そのなかにある基本計画の目標として福祉コミュニティの形成が随所に謳われている。
3）馬場啓之助「はしがき」ⅱ、社会保障研究所編『社会福祉の日本的展開』全社協、1978年。
4）真田是『地域福祉の原動力』かもがわ出版、1992年、79頁。
5）真田、同前、94～95頁。
6）稲上毅「日本型福祉社会と80年代の展望」『月刊福祉』第63巻第1号、全社協、1980年、13頁。

第Ⅰ部
地域福祉論と福祉コミュニティの概念

第1章
地域福祉の歴史と社会福祉協議会の沿革

◆◆◆

　地域福祉の現状に至る推移を把握するために、日本の社会福祉協議会（社協）の沿革に焦点を当てた歴史を取り上げる。ただし歴史的事項を網羅して編年史を作成するのが目的ではなく、戦後の占領期に連合国最高司令官総司令部（GHQ）の勧告などで社協が創設された後、活動のあるべき方向性を見いだすためにコミュニティ・オーガニゼーション（CO）論の導入を図り、これを基礎として社協活動論を組成したことが地域福祉論の原点となった、そうした経緯を分析する。さらにこの流れと高度経済成長期以降の社会情勢との遭遇が、地域福祉論が分化した要因となるのをみていく。

第1節　社協発足の契機とその背景

1．草創期の社協の様相

　社協の沿革は、戦前からの歴史をもつ全国的な3つの福祉団体（日本社会事業協会・同胞援護会・全日本民生委員連盟）の一本化を厚生省が主導して、

1951 (昭和26) 年1月に中央社会福祉協議会 (後の全社協) が発足したのを起点とする。その沿革は次のように区分することで、変遷をとらえた検証ができる。

① 草創期（1951～1962年）
② 確立期（1962～1979年）
③ 再編期（1979～1999年）
④ 変動期（1999年～）

草創期の社協に対する論者の批判の多くは、「上から」創られた組織である点に集中する。しかし史実をみると、1947 (昭和22) 年の第1回全国社会事業大会で、「有効適切な社会事業施策を強力に実施し、社会事業の飛躍的な進展を図るため、社会事業中央団体を統合すること」という、民間社会事業団体の統合と組織の再編成を要望する決議がなされ、それを受けて翌年に日本社会事業協会が社会事業組織研究委員会を組織したように、「下から」のうねりも顕在化していた[1]。

既存の福祉団体を統合する理由は、終戦直後の窮乏混乱した国民生活に対処するためであったが、各団体の利害関係が錯綜して順調には進展しなかった。そこでGHQの公衆衛生福祉局 (PHW) が、1949 (昭和24) 年11月29日の「1950年から51年までの福祉の主要目標に関する厚生省職員との会議」にて口頭での勧告を行い、福祉を通しても日本の民主化を進めようと図った。それを厚生省が「社会事業に関するGHQの6項目提案」に文書化し、昭和25年度の厚生施策の主要目標としている。これにより社会福祉事業法の制定が促されるとともに、その文書の第5項にあった「社会福祉活動に関する協議会の設置」によって、社協は発足の契機が与えられた。

まず厚生省は、前記の3つの全国的な福祉団体に働きかけて、社協準備委員会を組織している。同委員会の事務局は、1950 (昭和25) 年10月に『社会福祉協議会組織の基本要綱及び構想案』を策定し、中央から順に社協を結成する段取りを整えた。この基本要綱の第3項は、次のように書かれてある。

「社会福祉協議会は、機械的形式的に総ての地域に漏れなく一斉に組織されるようなものでは決してない。それは関係者間の十分な理解と納得の下に自発的に組織されるべきものであるから、機運の熟した地域から順次組織さるべきであり、この機運の醸成が先づ必要である。」（注：旧字体を改めた。）

ところが実際は、中央社協の発足から約1年たった1952（昭和27）年2月末までに、町村社協が61.4％も結成されている[2]。模範としたアメリカの社協（Community Welfare Councils）が、およそ70年間の歳月をかけて400余りを組織したのと比較すると、ほとんど拙速ともいえる勢いで、町村段階までに社協が整備された。

これは取りも直さず日本の社協が、CO論の解釈に基づいて組織しなかった事実を裏づけている。当時、厚生省社会局庶務課長として社協結成に尽力した黒木利克も、GHQの6項目提案自体がCO論とは結びついておらず、後になってGHQや厚生省はCO論や社協理論の研究に着手した経緯を回想している[3]。占領下の初期において、CO論や社協理論にある程度通じていた者は、PHWの更生・組織課長のメッカー（Metsker, T.L.）、近畿地方民事部福祉係官のポッツ（Potts, A.W.）、京都軍政部厚生課長のパットナム（Putnam, E.B.）らの要人、日本社会事業協会常務理事の牧賢一[4]、そして研究者の竹内愛二や谷川貞夫などのごく少数に限られていた。

こうした実情もあって前記の基本要綱は、CO論導入の成果を幾分か反映していたものの、具体的な活動の方向性までは打ち出せず、15の項目をもって社協組織の外枠を定めるのが限度となった。

2. 社協の組織化を急いだ理由

中央や都道府県段階の社協の組織化では、既存の福祉団体の整理統合がほとんど自己目的化していた。それではCO論の浸透を待たずして、町村段階まで社協の組織化を急いだのはなぜなのか。この理由は、1946（昭和21）年2月にGHQが示した、占領政策下の公的扶助についての指令であるSCAPIN775号覚書と関係する。同覚書では、以下の三原則が示された。

① 優遇措置禁止の一般扶養主義
② 扶助の実施責任主体の確立
③ 救済費総額の制限の禁止

　特に②の原則では、「単一の全国的政府機関」と「公私責任分離」が改革の指針となった。ここから憲法第89条の公私分離の規定が生まれ、民間社会事業団体に対する国庫補助の打ち切り、民生委員の補助機関から協力機関への組織替えなどの施策が具体化する。さらにGHQの6項目提案のなかで、生活保護や児童福祉などに関する公の責任から民生委員を除去する対処へと帰結した[5]。

　1950（昭和25）年の新生活保護法の施行では、保護決定の実質的決定権が福祉事務所の社会福祉主事へと移り、民生委員は生活保護の執行の協力機関に位置づけられた。しかしこの改正には、全日本民生委員連盟の一部に強い不満があったという[6]。そのため前記の基本要綱の第5項では、小都市や町村での社協組織の中核に民生委員が据えられた。さらに厚生省は、1952（昭和27）年5月に厚生省社乙第77号通知「小地域社会福祉協議会組織の整備について」を示し、その第3項で「社協は民生委員の自主活動を推進する母体となるよう努めること」と指導している。市町村社協の組織化が促された第1の理由は、このような民生委員から噴出した不満を吸収することにあった。

　一方で民間社会事業団体に対する国庫補助の打ち切りは、民間事業全体の財政を逼迫させた。これを補うために前述の黒木利克は、アメリカの実践を手本とした共同募金会の創設に動く。けれども、共同募金運動を支援するのに社協組織が有効であるのを、後になって黒木は気づいている[7]。共同募金会と社協の創設が前後した当時の状況は、次の中央社協の見解からも伺える。

　　「このように共同募金委員会が、募金と配分の仕事を除いて、その他の一切は殆ど協議会と同じ仕事をしていたのは何故でしょう？　それは、われわれの国に共同募金だけが五年早く輸入されたことに原因すると言ってもよいのです。つまり、日本にはこれまで協議会がなかったので、共同募金委員会がその代役を勤めていたという訳なのです。」[8]

　こうして先行した共同募金運動を補完することが、市町村社協の結成を促し

た第2の理由となった。この意図もあって社協と共同募金の「表裏一体論」、つまり市町村社協と共同募金会の第一線組織（支会・分会）を一体化させ、共同募金の配分金を効率的に活用しようとする構想が、社協の草創期には根強くあった[9]。

以上のような理由があって、CO論の解釈が未熟なまま、目まぐるしい機運を伴って社協は「上から」創られていった。それはまず組織体づくりに傾注させ、組織がもつべき理念の検討を後回しにした。この結果、活動する意志が希薄で組織・財政基盤も脆弱な社協を全国一律に植えつけ、地域社会へ定着するための自律性にも乏しいという、未だ今日まで一部に抱える体質をもたらした。

一方で黒木は、戦後しばらく日本の国民が、社協の民主的性格と運営に対して親近感をもてなかったとも述懐している[10]。それがどれだけの真実を含むにせよ、草創期の当初、社協は住民の側からみてさほど意義のある所産とならなかった。このままでは社協はほどなく衰退し、抜本的な組織の改編の運命をたどったに違いない。しかしながら阿部志郎は、社協結成後の20年間の歩みを総括するなかで、地域住民の意識を高めて、それを対策の行動に結びつけて社会福祉の〈社会化〉に努力した点と、地域組織化活動と各種団体の調整を通して、社会福祉の〈民主化〉に寄与した点を評価している[11]。

中央集権的な組織機構を有し、市町村段階では同一的な体質をもったものの、社会福祉の社会化や民主化に寄与できる活動単位として、少しずつ社協は住民に認知されていった。この成果の陰には、英米の民間福祉活動の歴史が刻み込まれたCO論を、当時の実践者や研究者が解釈に努めた貢献があった。

第2節　CO論の組成とわが国への導入

1. 英米での民間福祉活動の胎動

COの歴史的源流は、救済防貧地区を設定して担当する委員を置く制度にあり、それは1711年のドイツのハンブルクでの市衛生協会による制度まで遡ることができる。同制度を改善して、1852年にエルバーフェルト市へ移して実施さ

れた「エルバーフェルト救済システム」は、イギリスの慈善組織協会（COS）だけでなく、岡山県済世顧問制度や大阪府方面委員制度の模範にもなった[12]。一方、19世紀のイギリスでは、救貧法で貧困は個々人の原因によるものとされたために、個別の貧困者への公的救済を厳しく制限していた。この影響もあり、19世紀後半には慈善博愛活動が全盛期を迎える。こうした活動の効率化を目的として、1869年にロンドン慈善組織協会が設立され、地区委員会も設置した。これを拠点とする友愛訪問による調査・指導と需給調整の実践が、COならびにケースワークの母体となる。1873年にはリバプール市で慈善活動のための募金計画が実施され、1884年には世界最初のセツルメントの施設「トインビー・ホール」がロンドンに開設されて、社会改良を目的とする民間活動の砦となった。

　これらの諸活動はアメリカにも波及し、1877年にニューヨーク州バッファロー市で最初の慈善組織協会が組織された。20世紀初頭から慈善活動への募金活動も取り組まれ、1918年にニューヨーク州ローチェスター市に組織されたコミュニティ・チェスト（Community Chest）は、その後全米に広がって日本の共同募金運動の原型にもなった。またセツルメント活動の拠点も、1887年にニューヨーク州のネイバーフッド・ギルド（Neighborhood Guild）を皮切りに全米に普及した。こうした諸活動の進展に伴い、1909年にミルウォーキーとピッツバーグの両州で、最初の社協となる社会事業施設協議会（Council of Social Agencies）が結成される。以後さまざまな構成の社協が全米各地で組織され、1911年には慈善組織協会も全米の連合会が結成された[13]。

2．CO論への統合と発展

　全米での民間福祉活動が活発となるにつれて、団体間の連絡調整や地域社会の問題を把握する調査、募金を促す目的の広報活動などの諸技術が蓄積してきた。これらの技術はさまざまな名称で呼ばれていたが、1939年のソーシャルワーク全国会議で『COの討議計画に関する起草委員会報告書—レイン委員会報告』が採択され、最終的にCOの呼称が確定した。レイン（Lane, R.P.）を委員長として起草した同報告書は、COの一般的目標を「ニーズを効果的に資源へ適応させて保持すること」に定めた。より具体的には、次の3点に関係すると規

定している。

① ニードの発見とその決定
② 社会的窮乏と能力欠如の可能な限りの除去と防止
③ 社会福祉の資源とニードとの接合、および変化するニードに一層よく適合するように絶えず資源を調整すること。

　これ以降、レイン委員会報告書の内容は、CO論を体系化した原典と見なされるようになり、COのニーズ・資源調整説として位置づけられた[14]。
　上記の報告書のなかで、COの第2次的目的の6項目に含まれていたインター・グループワークは、事業やサービスに関係する機関・団体・グループ、そして個人との相互関係を改善・促進し、連絡調整を推進する技術である。この時期におけるCOの実践主体は組織であったため、次の2点が一定の関心事となっていた。

① 組織間の相互の満足すべき関係
② 組織によって選択され、受容された社会的目標

　ピッツバーグ大学のニューステッター（Newstetter, W.I.）は、もともとはグループワーカーであったが、グループワークの概念をCOに適用して、インター・グループワークの理論の創始者となった。1947年のソーシャルワーク全国会議において、ニューステッターがインター・グループワークの技術を理論的に強化して発表したことで、以後インター・グループワーク説は確固たる影響力をもちえた。
　さまざまなグループで構成される地域社会は、グループ同士の相互作用やグループとコミュニティとの相互作用によって発展していく。ニューステッターは、これらの相互作用が促進されるようにグループ間を調整しながら、ニーズの充足を図ることを目標とするCO論として、インター・グループワーク説を確立したのである[15]。

以上のCO論の日本への導入では、レイン委員会報告書のニーズ・資源調整説は牧賢一が、インター・グループワーク説は牧や竹内愛二らが主力となった。

3. 社協活動へのCO論の適用

1953（昭和28）年からの町村合併促進法の施行から、1956（昭和31）年の新市町村建設計画促進法の施行、そして1965（昭和40）年の合併特例法の施行に至る期間においては、1万近くあった市町村数が3,400未満まで再編された。この「昭和の大合併」では、市町村社協の組織も壊滅的な打撃を受けている。こうした難局に直面して社協組織を再興させるために、当時、全社協組織部長であった重田信一は、導入したCOの技術を社協活動論へ適用することに着手した。

この戦略の青写真となったのが、1957（昭和32）年の『市町村社協当面の活動方針』である[16]。同方針の内容は、社協の当面の活動目標を「地域における福祉に欠ける状態の克服」に置き、その役割を地域内の社会福祉活動の調整と社会資源の開発・動員、住民の参加協力の推進および施設・団体の機能促進の援助、と規定した。

このように、ニーズ・資源調整説とインター・グループワーク説のCO論は、社協活動を草創期から確立期へと橋渡しする役割を果たしたのである。

第3節 社協基本要項とCOの組織化説

1. 社協基本要項の策定

前述の導入されたCO論の両説に対して、岡村重夫は異なる見解をもっていた。岡村は、社会制度（社会環境）と個人との関係を「社会関係」と規定して、社会関係には客体的側面と主体的側面があるとした。そして客体的側面の問題は分業的社会制度の操作によって対処できるが、主体的側面の欠陥への対応は社会福祉の固有の対象領域であり、この点に対してこそCO論の技術的な意義があるとみていた[17]。以上の考えに基づいて岡村は、1958（昭和33）年に『小地域社協活動の理論』（大阪市社協『都市の福祉』第3号）を発表し、「個人は社会

制度によって規定される社会的存在であるが、同時に社会制度を変更し、新設する主体性をもつ」ものと論じて、住民が主体となって地域の生活問題の協働的解決を図ることを目的とする組織化活動のあり方を世に問うた。

その一方で、"山形会議"の通称で知られる1960（昭和35）年8月の「全国都道府県社協組織指導職員研究協議会」において、社協組織のあるべき民間性の確立が討議されていた[18]。上記の岡村による組織化活動の理論と山形会議での総括の内容[19]は、1962（昭和37）年に策定された『社協基本要項』へと結実する。

この基本要項の第1条では、社協を「一定の地域社会において、住民が主体となり、社会福祉、保健衛生その他生活の改善向上に関連のある公私関係者の参加、協力を得て、地域の実情に応じ、住民の福祉を増進することを目的とする民間の自主的な組織である」と規定された。また第2条の機能では、組織活動の重点化と計画の実施を目標にした。これ以降、活動において社協は「住民主体の原則」を標榜していくことになる。

2. ロスの組織化説

住民主体の原則には、岡村重夫もただちに賛同している。そして社協の組織と活動の体質改善を図るために、住民の生活に関連する対策において、地域住民を参加させていく必要性を論及した[20]。そのための方法は、1955年にロス（Ross, M.G.）が著した『コミュニティ・オーガニゼーション―理論と原則』を、1963（昭和38）年に岡村が全訳し刊行したことで理論的にも裏打ちされた。

このロスの著書は、1960年代までのCO研究の掉尾を飾る金字塔とされている。そこでは、CO実践において地域住民の共通の問題を発見し、この対策を住民参加によって計画的に図る過程が説明されている。具体的には達成すべきタスク・ゴール（課題目標）とともに、住民参加の自己決定や協力的活動、コミュニティの問題解決能力を向上させるプロセス・ゴール（過程目標）を設定する意義が強調された。

ロスは、COを「共同社会がみずから、その必要と目標を発見し、それらに順位をつけて分類する。そしてそれを達成する確信と意志を開発し、必要な資源を内部外部に求めて、実際活動を起す。このようにして共同社会が団結協力し

て、実行する態度を養い育てる過程」[21] と定義し、CO論の組織化説としての代表的論者となった。

3. 地区組織活動の黎明

　日本において、CO的といえる生活問題への地区組織活動の歴史的源流は、明治10年代のコレラの大流行をきっかけに、住民が自主的に組織した衛生組合の実践まで遡る。それは1897（明治30）年に制定された伝染病予防法により、衛生行政の下部機構に位置づけられて発展し、衛生組合連合会も組織された。ところが、組織体制の強固さが裏目となって、戦後GHQにより町内会とともに解散を命じられている。

　その後、1949（昭和24）年から農林省の生活改善普及事業が始まったのを契機として、行政指導によって再び各地に地区衛生委員などの組織が普及し始めた。この時期の地区衛生組織活動の重点課題は、農村部を中心とした「蚊やハエをなくす運動」であり、1955（昭和30）年6月に政府もその三か年計画の推進を閣議決定して、同運動が全国各地で展開された。

　前述した『市町村社協当面の活動方針』が「その地域における福祉に欠ける状態の克服」を当面の活動目標としたのには、そうした公衆衛生の分野で目覚ましかったCO実践に、社協が追随しようとする意図があった[22]。実際、1959（昭和34）年に保健福祉地区組織活動育成中央協議会（育成協）が結成されると同時に、公衆衛生組織と社協はCO実践を協働している。厚生省の予算補助を得て育成協は、全社協と環境衛生協会とで事務局を構成し、各都道府県社協には育成協連絡会を設置して、「厚生行政に対する国民参加」をスローガンに掲げ、市町村の地区組織活動を促進した。

　しかし都市化の影響を受けて、育成協の活動も減退を余儀なくされ、1966（昭和41）年には組織の解散へと至った。この原因を宮坂忠夫は、次のように分析している。

　　「コミュニティ・オーガニゼーションが大変強調され、かつてのカとハエをなくす運動は農村で非常にうまくいったけれども、それはいわゆる半封建的な仕組みがうまいぐあいに動いてくれて実績が上がるということだったんですね。流行のトップのつもりが、実は大

変古い仕組みに乗っていたものが多かったわけです。」[23)]

　官製的色彩が強いとの批判もあった育成協だが、その展開の手法は確立期の社協の組織化活動に弾みをつけた。育成協の解散後、社協の組織化活動は停滞をみせている[24)]。次に社協が組織化活動を再始動させるのは、岡村重夫が『地域福祉論』を著し、そこで提唱された福祉組織化の理論が浸透する、1970年代後半まで待たねばならなかった。

4. 社協基本要項に対する見解の相違

　基本要項の策定によって方向性が定まり、CO論の解釈も進んだことで社協活動論は確立しつつあった。なかでも住民主体の原則は社協活動の格好の指標となり、都道府県以下の社協はそれを絶対視するようになる[25)]。けれども、基本要項の前文と各条文ごとに付された説明文を執筆した永田幹夫（当時、全社協業務部参事）の認識は違っていた。永田は、社会情勢の変化に伴う国民生活の変貌、社協をめぐるさまざまな公私社会事業の動きによって、基本要項も書き改めていく必要があると考えていた[26)]。

　確立期へと向かう入口で表面化した、基本要項に対する見解の相違は、常に福祉政策の動向を注視しながら、関連機関・団体との関係調整をするために、ニーズ・資源調整説とインター・グループワーク説を重視した全社協と、民間性の確立のために住民の主体性を尊重し、組織化説を重視した都道府県以下の社協が相対したといえる。このCOの論説に基づく社協活動論の二極化は、その後「結着しがたい平行線」（永田幹夫）となり[27)]、地域福祉論を分化させる大きな要因になった。

5. 財政面での社協の苦境

　確立期に入っても社協は、財政面で苦境に喘いでいた。特に社協事務費と人件費への共同募金配分の使用を禁じた、1967（昭和42）年の行政管理庁の勧告は、それまで基本財源の1/3を共同募金に頼っていた社協の財政を直撃した[28)]。自主財源の確保に困難をきたした市町村社協は、半ば必然的に公費助成への依存を

強めた。こうした経緯を山本信孝は、「社協の組織や活動に一定のわくをつくることになり、また財政面での弾力性もうしない、それらが活動面での民間活力を減退する結果になった」[29]と述べている。

市町村社協が行政依存を強めるのに比例し、1963（昭和38）年の老人福祉法の制定以降、急増した福祉サービス関連の単独事業は、社協に委託される傾向が強まった。そこで全社協は創立20周年の歴史を総括し、1973（昭和48）年に『市区町村社協活動強化要項』を策定して、再度、住民主体の原則への立ち返りを図ろうとする。同要項では運動体社協への発展強化の方向・方策が提起され、住民主体の協働活動を確認し、安易な委託による直接事業を戒め、社協本来の事業である地域組織活動の機能を充実強化する方針が打ち出された。

第4節　地域福祉への時代的要請

1973（昭和48）年10月に到来した第1次オイルショックは、右肩上がりの高度経済成長期を低成長経済移行期へと急転させた。これが日本の福祉国家をめざしてきた成果である「福祉元年」に歯止めをかける一方、政策として地域福祉を促す最大の要因となった。それを含めて1970年代には、地域福祉の要請へと結びついたいくつかの要因が明確になった。これらは外在的要因と内在的要因に分類ができる。

1．外在的要因①—福祉政策の転換

1955（昭和30）年から始まる高度経済成長期は、1969（昭和44）年度版の『経済白書』が指摘したように、自由主義国第2位の国民総生産を達成しながら、1人当たりの国民所得は20位程度という不均衡を生じていた。技術革新と消費革命に彩られながらも構造的にいびつだった経済成長は、水俣病・第二水俣病・イタイイタイ病・四日市公害の四大公害を筆頭とする公害問題を発生させた。

生活環境の悪化に対する住民の問題意識の高まりは、各地で住民運動を引き起こすとともに、大都市での革新自治体誕生の原動力にもなる。また若年労働

力の過度の需要は地域社会に過疎・過密を引き起こし、生活関連資本の整備の遅れが現出した。これらの状況は、もともと革新自治体にとって関心が高かった福祉国家的な政策を前進させ、一連の先駆的な単独事業の展開へと導き、国の福祉政策をも後押しすることになる。

この結果、国政レベルでも年金や健康保険給付率の引き上げ、児童手当法の制定や老人医療費の支給制度などが実現に至り、1973（昭和48）年は「福祉元年」と称された。1972（昭和47）年版の厚生白書の総論では、児童手当制度の整備をもって「わが国は制度的には、ほぼ完備した社会保障を持つこととなったのである。しかしながら、社会保障制度の内容については、まだ不十分なものが多く、国民の要望に十分こたえているとはいいがたいであろう。」（1頁）との評価をしている。

ところが第1次オイルショックは経済の低成長に直結し、国・地方自治体に財政悪化をもたらした。それを機に自治省や大蔵省などから、福祉政策に対する批判が噴出した。この情勢の変化を受けて、「転機にたつ社会保障」と副題がついた1973（昭和48）年版の厚生白書の総論では、一転して次のように述べられる。

> 「社会保障に関していえば、物価の異常な上昇のもとでは、放置すれば、経済的弱者に対してその被害がしわ寄せされ、社会保障給付による生活保障の実効性が失われ、また社会サービス・公共サービスの分野への適切な資源配分が阻害される恐れが極めて大きい。更に、国民経済全体の立場から考えれば、この異常な事態に国民的合意のもとで対処していくためにも、高度の社会的公正と連帯が要求されることはいうまでもなく、国民福祉の問題は、これらの点から新たに見直される必要があることが強調されなければならない。」（3頁）

これから「福祉見直し」[30]の機運が確実な流れとなり、"バラマキ福祉"が批判されるとともに、福祉行政における公的責任の縮小が強調されるようになった。これ以降、政策的に地域福祉へは、地域社会の相互扶助機能の活性化による行政機能の補完と、民間活力の利用による市場原理を導入する理論的な裏づけが期待されていく。

2. 外在的要因②―過疎化とコミュニティ政策

　1960年代からの高度経済成長の政策は、日本社会を自営業者主体のむら的社会から、雇用者主体の都市的社会へと変貌させたといわれている[31]。その産業発展の基盤は、主として東京・名古屋・大阪圏のいわゆる太平洋ベルト地帯に置かれた。この産業発展の地域格差が労働力の巨大な吸引力と移動を引き起こし、都市部での労働者不足を慢性化させる一方、農村部では若・壮年者流出と過疎化を顕著にさせた。

　人口減少が地域の社会的・経済的機能の低下を招いた状態である過疎を、初めて公式に取り上げた公式文書は、1967（昭和42）年の経済社会発展計画である。同計画書の以前から、農村部の季節的出稼ぎによって過疎は発生していた。けれども高度経済成長期における過疎は、多くの挙家離村を引き起こして地域社会の解体を招いた点で、はるかに状況が苛烈であった。この間、全国の過疎地域では1960〜65年に157万人減（△13.3％）、1965〜70年は137万人減（△13.1％）と人口減少に拍車がかかっていた[32]。

　地域社会の流動化は、コミュニティの復興を政策課題とすることを促した。1968（昭和43）年1月、内閣総理大臣から「経済社会の成長発展に伴い変化しつつある諸条件に対応して、健全な国民生活を確保するための方策をいかん」という諮問を受けた国民生活審議会は、高齢化・余暇に続く第3の検討課題としてコミュニティを取り上げ、コミュニティ問題小委員会を設置する。

　同委員会による報告書『コミュニティ―生活の場における人間性の回復』は、地方自治にコミュニティ・ブームを起こすほどの起爆剤となった。同報告書では、コミュニティを「生活の場において、市民としての自主性と責任を自覚した個人及び家庭を構成主体として地域と各種の共通目標をもった開放的でしかも構成員相互の信頼感のある集団」と定義している。このコミュニティ形成のために、①フィードバックシステム、②コミュニティ・リーダーの育成、③コミュニティ施設の充実、を課題にあげた。さらに住民には、主体的に自らの生活の場へ関心をもって行政に参加し、コミュニティ施設の運営にも自主的に責任をもって関わり、地域活動を通じた相互交流によってコミュニティ形成を図ることを求めた。

1971（昭和46）年に国は、自治省事務次官通知「コミュニティ対策の推進について」によってコミュニティ形成を自治体政策とする方針を示し、全国各地にモデル・コミュニティ推進地区の指定を行った。1978（昭和53）年になると、全国の約58％の市町村が何らかのコミュニティ施策を取り組むまでに至る。けれどもその背景には、高度経済成長の下で山積していた地域の諸問題を解決するために、住民参加に依拠せざるを得ない自治体の内情があったといわれている[33]。

またこれらの事業経費の大半は市町村の予算で賄われたため、行政が主導権を握って事業計画を単年度毎に決定する形式を定着させた。そして地域住民には動員のやり方で参加を求めるだけで、内容の討議には関与させない手法を一般化したとして批判を受けた[34]。実際の成果をみても、コミュニティ・センターの建設を中心とした、施設整備だけで完結した自治体が少なくなかった。その一方で、建設した施設利用の住民協議会を組織した先進地もいくつかあり、ある程度の負の側面があったにせよ、コミュニティ政策はその後のコミュニティ形成を促したといえる。

3. 内在的要因①――住民の問題意識の高まり

既述したように、1960年代の高度経済成長は都市化と並んで住民運動の興隆をもたらした。この住民運動を宮本憲一は、「住民が或る要求や問題をもち、その解決のために一定の住民組織をもち、政府・自治体や企業などにたいして働きかける運動」[35]と定義している。そうした住民の働きかけは、主として共通の生活手段や消費手段、あるいは生活環境の問題に集中していた。

住民運動の性格については、奥田道大が作為要求型と作為阻止型に大別している。前者が公共施設の増設や教育・福祉施設の充実の要求を運動の争点としたのに対し、後者は公害や生活環境の悪化を招く恐れのある開発行為に抵抗するのを争点とした。作為阻止型の住民運動は件数が少なかったものの、公権力や企業の開発行為の公共的な責任を問うために、一般世論へのアピール性をもち、1960年代の住民運動のイメージを形作った[36]。

しかしながら住民運動の作為要求型も作為阻止型も、オイルショック以降の

経済の低成長とともに退潮していく。その一方で、コミュニティ形成を目標とした住民のまちづくり運動が新たに注目されてくる。住民運動には「闘う姿勢」から「創る姿勢」へと、質的な変換がみられたのである。なかでも神戸市長田区丸山地区のまちづくり運動は、「戦後日本のコミュニティ形成を考えるうえで、まちづくり運動のモデルという意味で、最右翼の事例」[37]（奥田道大）といわれた。丸山地区住民自治協議会による自治の実践は多くの研究文献に記録されたが、行政と良好な協調関係が築けなかったために、これも次第に諸活動が減退していくことになる[38]。

　このように住民運動は、時間の経過とともに質的な変化や活動の盛衰があり、普遍的な評価は困難である。けれども地域社会の個々人がそれぞれの権利を自覚し、諸活動や自治の実践を通して地方自治体の政治姿勢に関心を深めた事象であるのは確かであり、まちづくり運動のなかには、CO実践として評価されたものも多い。前述した『市区町村社協活動強化要項』が、運動体社協への発展強化や小地域での住民福祉運動の推進などを基本方針としたのは、こうした時代の趨勢を反映していた。

4. 内在的要因②―人口の高齢化の進行

　続く内在的誘因としては、1970年代に入って老年人口比率が7％を超え、日本が高齢化社会に突入し、福祉ニーズの多様化・高度化が顕著になった点がある。1970（昭和45）年版の厚生白書でも、次のような警鐘を鳴らしていた。

> 「人口構成の老齢化と新しい事態の進行によって、わが国の老齢者問題は、個別的、即応的な対処のしかただけでは不十分になってきたことがあきらかであろう。これらの諸問題は、長期的な総合的な視野に立って施策の有機的な連関を今のうちにはからなければならないところまできていると思われる。」（10頁）

1975（昭和50）年版の厚生白書では、高齢者問題に関連して核家族化の進行や就業構造の変化などによる同居率の低下についても問題提起をしている。

> 「これら核家族化の進行等は、家庭機能の縮小をもたらしている。すなわち、高齢者世帯の老人に対する私的扶養を、扶養義務者があっても実際問題としては一般に困難にしている。（中略）そのほか、高度成長期に顕著になった既婚婦人の職場進出もあり、これも

家庭機能の縮小の大きな要因となっている。」(74〜75頁)

　上記のような危機感は、1970年代後半になって社会福祉の公私関係の再検討を促す日本型福祉社会論に結びつく。日本型福祉社会論では、スウェーデンのような高負担型の福祉国家への批判に基づいて、「日本人が持つ個人の自助努力と家庭や近隣社会等の連帯を基礎としつつ、効率の良い政府が適正な公的福祉を重点的に保障するような」[39] 社会を目標に掲げている。また「効率という点からは、国または地方自治体(官)よりも民間にゆだねた方がうまく行くものは、企業と競争的市場に任せることが賢明」[40] というように、民間委託の効果が強調された。

　家族や近隣社会での相互扶助機能の弱体化への対応策も兼ねて、1970年代から社協に対して、ボランティアの活動振興を目的とした国庫補助金が交付されている。社協を実施主体とした政策的なボランティア活動の振興は、1985(昭和60)年からのボラントピア事業でピークを迎えた。これに関連して1980年代後半になると、有償ボランティアという日本独自の活動理念も見られ始める[41]。

　厚生省『国民の社会福祉に関する活動への参加の促進を図るための措置に関する基本的な指針』(1993年)の「3．住民参加型福祉サービス供給組織の活動」の項目では、会員制・互酬性・有償性を特色とする新しい取り組みを評価し、それに対する国民の理解の増進と、市町村行政や社協に支援の努力を促している。このような在宅福祉サービスの供給において、有償ボランティアの特性を生かそうとする政策的な意図も、日本型福祉社会論から派生したものといえよう。

第5節　地域福祉の骨格形成とコミュニティケア

1．地域福祉の「ニーズの全体性」と「個の主体性」の重視

　1970年代の福祉政策をめぐる背景について、古川孝順は以下の2点を指摘する。

① 高度経済成長が地域社会の解体をもたらして、相互扶助機能を減退させた。
② そうした状況を1970年代初頭までの社会保障の構想は、所得保障（特に年金）と福祉サービスによって補完しようとしたが、オイルショックと続く低成長時代の到来によって、それが挫折した。

ただし福祉の後退は急激に始まったのではなく、約10年間の年月をかけて、その関連予算が縮減に転じた経緯を古川は分析している[42]。いちおうこの期間内では、福祉元年の基調は守られていた。地域福祉の骨格形成を考えるうえで、低成長時代の到来と実際の福祉後退に、これだけの猶予期間があった点を看過してはならない。

1973（昭和48）年の『市区町村社協活動強化要項』まで、全社協と都道府県以下の社協は、住民主体の原則に対してほぼ見解を合わせてきた。しかし既述したように社協活動論を導いたCO論のうち、ニーズ・資源調整説とインター・グループワーク説を基本的に重視した全社協は、1970年代後半から国の福祉政策との調整を基幹としながら、普遍的な地域の福祉ニーズに立脚して、関連する福祉資源を強化する方針を次第に取り始めた。こうした傾向を「ニーズの全体性を重視する地域福祉」と規定しておく。

一方、CO論の組織化説を重視した都道府県以下の社協は、1970年代以降、住民主体の原則が根幹となる実践を追求する。育成協の解散で地区組織活動はいったん途切れたものの、岡村重夫の『地域福祉論』（1974年）にある福祉組織化の方法論によって新たな方向性を得て、地域の当事者を組織化するアプローチを展開し始める。確立期での都道府県以下の社協は、「地域にもっとも必要なのは、さまざまな福祉問題を抱えた当事者である住民をそれぞれの問題別に組織化していくこと」[43]（佐藤貞良）という認識をもって、活動の独自性を築こうとした。こうした傾向を「個の主体性を重視する地域福祉」と規定しておく。

以上のような2つの流れをもつ地域福祉の骨格が、社協の確立期には形成されてきたのである（図1-1）。

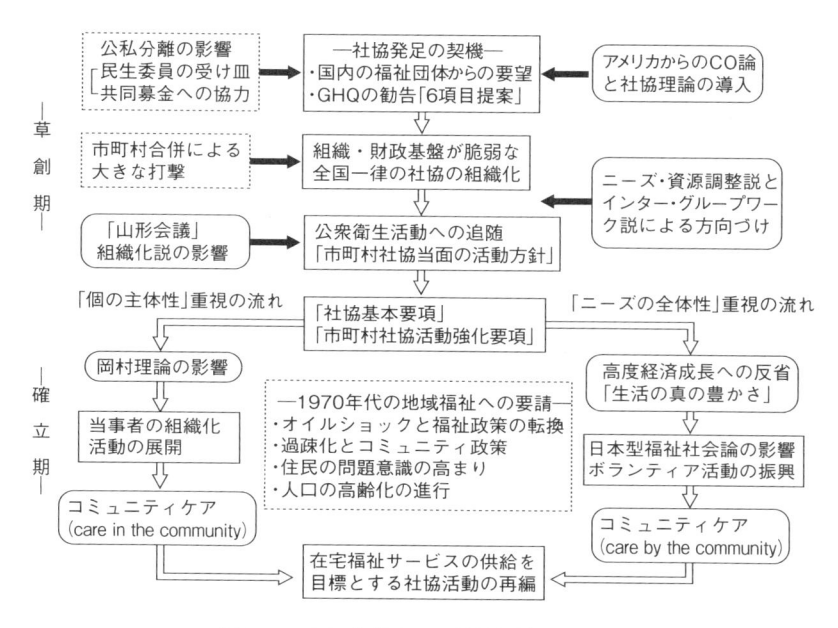

```
┌─────────────┐      ┌──────────────────┐      ┌──────────────┐
│公私分離の影響│      │ —社協発足の契機— │      │アメリカからのCO論│
│民生委員の受け皿├─────→│・国内の福祉団体からの要望│←─────┤と社協理論の導入│
│共同募金への協力│      │・GHQの勧告「6項目提案」│      └──────────────┘
└─────────────┘      └──────────────────┘
草                           ↓
創   ┌──────────────┐    ┌──────────────────┐
期   │市町村合併による├────→│組織・財政基盤が脆弱な│      ┌──────────────┐
     │大きな打撃    │    │全国一律の社協の組織化│←─────┤ニーズ・資源調整説と│
     └──────────────┘    └──────────────────┘      │インター・グループワー│
                              ↓                    │ク説による方向づけ │
     ┌──────────────┐    ┌──────────────────┐      └──────────────┘
     │「山形会議」   ├────→│公衆衛生活動への追随│
     │組織化説の影響│    │「市町村社協当面の活動方針」│
     └──────────────┘    └──────────────────┘
                              ↓
「個の主体性」重視の流れ  ┌──────────────────┐  「ニーズの全体性」重視の流れ
                        │「社協基本要項」  │
                        │「市町村社協活動強化要項」│
                        └──────────────────┘
     ┌──────────────┐                          ┌──────────────┐
     │岡村理論の影響│    ─1970年代の地域福祉への要請─ │高度経済成長への反省│
     └──────┬───────┘    ・オイルショックと福祉政策の転換│「生活の真の豊かさ」│
確          ↓             ・過疎化とコミュニティ政策    └──────┬───────┘
立   ┌──────────────┐    ・住民の問題意識の高まり           ↓
期   │当事者の組織化│    ・人口の高齢化の進行         ┌──────────────┐
     │活動の展開    │                                │日本型福祉社会論の影響│
     └──────┬───────┘                                │ボランティア活動の振興│
            ↓                                       └──────┬───────┘
     ┌──────────────┐                                      ↓
     │コミュニティケア│                               ┌──────────────┐
     │(care in the community)│                       │コミュニティケア│
     └──────────────┘    ┌──────────────────┐       │(care by the community)│
                ↓──────→│在宅福祉サービスの供給を│←──────┤              │
                        │目標とする社協活動の再編│       └──────────────┘
                        └──────────────────┘
```

図1-1　1980年代までの地域福祉の骨格形成

2. コミュニティケアの概念と変遷

　永田幹夫は、日本の社会福祉におけるイギリスの影響が他国に比べても最大であると評価している[44]。地域福祉に限れば、それは議論の余地なくコミュニティケアの影響といえる。居宅の要援護者に対して地域の社会資源や住民参加によって援助する方法論であるコミュニティケアは、イギリスの精神衛生法（1859年成立）で明記されたのを契機にして、精神医療における処遇領域で施設ケアに相対する援助として進展してきた。

　1950年代になると、イギリスのコミュニティケア実践は本格化する。大規模な精神科の病院は徐々に閉鎖され、地域で暮らす精神病患者や精神障害者へのサービスを地方自治体が開発し始めた。このように1950〜60年代のコミュニティケアは、精神病患者や精神障害者などに対するコミュニティ治療に重点を置いた、「コミュニティ内での地域ケア（care in the community）」を課題としていた。

ところが1968年に出されたシーボーム報告により、コミュニティケア実践に変化が生じてくる。同報告の勧告に従って、1970年には「地方自治体社会サービス法」（Local Authority Social Services Act）が成立し、対人社会サービスを地方自治体の社会サービス部に統合する方向での組織改革が実行された。1970年代からイギリスの地方自治体による福祉政策は、関連する社会資源やサービスを用いた広範囲な対象者のためのコミュニティケア実践、すなわち「コミュニティによるケア（care by the community）」に力点が置かれるようになった。

　さらにオイルショックに端を発した1980年代の経済的危機は、当時のサッチャー政権を公共支出の削減、そして小さな政府（Small Government）へと向かわせた。この反動で財政的な合理性を追求する観点からコミュニティケアも見直され、非営利の民間組織によるサービス供給やコミュニティ活動への住民参加、そして家族・隣人などのインフォーマル・ケアによる援助の理念を重視するようになる。つまりコミュニティケアに要する費用に政府の関心が強まり、コミュニティを基盤とするケアのパッケージの方が、経費の負担が少ないと判断されたのである。この結果、人口1万人前後の近隣社会を基盤として、在宅ケアのサービス供給を重点化する施策であるパッチシステムが、多くの自治体で採用された。

　1982年には、社会サービス大臣の後援により全国ソーシャルワーク研究所に設置されたバークレイ委員会が報告書を発表し、新たにコミュニティ・ソーシャルワークを提唱した。この方法論は、コミュニティでのフォーマルそしてインフォーマルな地域ネットワークと重要なクライエント集団を開発・援助・資源化し、さらに強化することを目的とした。こうしてサービスの供給主体の多元化が進むなか、1986年のグリフィス委員会による報告書に基づいて、1990年に「国民保健サービス及びコミュニティケア法」（National Health Service and Community Care Act）が成立すると、コミュニティケアは民営化重視の方針が決定的となった。地方自治体はサービスを確保する責任を負うものの、その供給を直営する義務がなくなり、有効性や費用効率性を考慮して営利・非営利の民間組織のサービスを買い上げる傾向が強まった。このため近年のコミュニテ

ィケアにおいては、サービス供給組織と利用者の間を調整するケアマネジメントを重視するあり方が追求されている[45]。

　以上のようにコミュニティケアは、時期ごとに政策が変化している。焦点となるのは、費用の効率性を観点としたcare in the communityとcare by the communityの実践のバランスである。両者とも重視しなければならない、と論ずるのはたやすい。しかし日本でのコミュニティケアの解釈は、「ニーズの全体性」と「個の主体性」を重視する地域福祉の2つの流れに適合したものが、各々で取り込まれている（図1-1）。

　この状況の背景には、地域福祉におけるコミュニティの対象化の問題がある。それが未だ十分に地域福祉の理論と実践で定位していない点は、第3章で取り上げる。

【注】
1）民間社会事業団体の統合の歴史については、『厚生省五十年史〔記述篇〕』（中央法規出版、1988年）755頁、および『全国社会福祉協議会十年小史』（全社協、1961年）3頁を参照。
2）厚生大臣官房広報渉外課編『社会福祉行政資料　1952』厚生大臣官房広報渉外課、1952年、65頁。
3）黒木利克『日本社会事業現代化論』全社協、1958年、566〜569頁。
4）なかでも牧賢一は、同協会内に社会事業組織研究委員会を設置して、アメリカの社協関係の資料収集と紹介に貢献した。この努力が1951年に制定された社会福祉事業法第74条の社協の規定に結びつくことになる。牧賢一「社会福祉協議会の理論と問題」『月刊福祉』第72巻第14号、全社協、1989年。
5）SCAPIN775号覚書を受けての改革をめぐる歴史は、高澤武司「敗戦と戦後社会福祉の成立」右田紀久恵・高澤武司・古川孝順編『社会福祉の歴史〔新版〕』（有斐閣、2001年）294〜312頁を参照。また民生委員の協力機関への組織替えについては、葛西嘉資（元厚生省事務次官）が「生活保護法の改正に伴い、生活保護を受ける権利が強調せられて要援護者の異議申立権が認められ、最低生活費の複雑な問題が出て来」たことを理由にあげている。葛西嘉資「社会福祉の思い出」『大阪の社会事業』第20号、大阪市社協、1952年、2頁。
6）社協結成の構想に対して、全日本民生委員連盟の内部には、「この構想の背後に在る処のものは、相次いで採られた民生委員制度への圧迫なり、無力化工作と繋りをもつものであり、これによって全国的な組織の実質的な崩壊をねらったものである」という意見があった。全社協編『民生委員制度四十年史』全社協、1964年、513頁。

7) この２つを同時進行させなかったのは、「重大なる失敗」であったと黒木は述べている。黒木利克『日本社会事業現代化論』（前掲注３）564頁。
8) 『社会福祉時報13号附録　社会福祉事業の民主化・われわれの良き郷土はかくして生れる』中央社会福祉協議会、1951年、57頁。
9) 『国民たすけあい共同募金――赤い羽根20周年』中央共同募金会、1966年、125～141頁。
10) 黒木利克『日本社会事業現代化論』（前掲注３）580頁。
11) 阿部志郎「社会福祉協議会の評価と課題――20年の歩みをふまえて」『社会福祉研究』第11号、鉄道弘済会、1972年、12～13頁。
12) 全社協編『民生委員制度四十年史』（前掲注６）72～81頁。
13) 英米の民間福祉活動の歴史については、牧賢一『コミュニティ・オーガニゼーション概論』（全社協、1966年）を主として、国際社協日本国委員会編『各国の社会福祉』（全社協、1983年）、田端光美ほか編『世界の社会福祉　イギリス④』（旬報社、1999年）などを参照した。
14) 「コミュニティ・オーガニゼーションの討議計画に関する起草委員会報告書――レーン委員会報告」牧、前掲『コミュニティ・オーガニゼーション概論』所収を参照。
15) インター・グループワークの理論については、牧、前掲『コミュニティ・オーガニゼーション概論』51～53頁、およびJack Rothman, "A Very Personal Account of the Intellectual Histioy of Community Organization," in Jack Rothman ed., *Reflections on Community Organization*, F.E.Peacock, 1999, p.218. を参照。
16) この方針の文案は、重田信一がほとんど単独で起草したといわれている。永田幹夫『社会福祉学習双書23　地域福祉論Ⅱ』全社協・社会福祉研修センター、1979年、33～34頁の注。
17) 岡村重夫『社会福祉学〔総論〕』柴田書店、1958年、239～240頁。
18) 山形会議の背景については、重田信一「いま、改めて『住民主体の原則』を考える――山形会議40周年に当って」『地域福祉活動研究』第18号（兵庫県社協、2001年）が詳しい。
19) 山形会議で総括された内容とは、次の２点である。「社協は自主的な民間団体として、住民の立場に立って活動する。住民のニードを正しく捉えるとき行政機関に対して批判的なこともあり得るが、あくまで、自主的な住民組織としての活動を尊重しなければならない。」「社協は住民の民主化をおしすすめる使命がある。すなわち、住民の自主的態度の涵養、自分たちの生活状況の自覚、問題解決のための自主的な協力活動、および外部への働きかけを促進することである。」山口稔『社会福祉協議会理論の形成と発展』八千代出版、2000年、82頁。
20) 岡村重夫「住民主体の原則をふまえて」『月刊福祉』第46巻第１号、全社協、1963年。
21) Ｍ．Ｇ．ロス（岡村重夫訳）『コミュニティ・オーガニゼーション――理論と原則』全

社協、1963年、51頁。
22）この方針を起草した重田信一も、公衆衛生活動の影響を認めている。昭和30年版の経済白書が「もはや戦後ではない」と宣言しても、個々の家庭では「目に見えない貧困」が忍びこみ、青少年の非行など制度的処理では解決できない問題が浸透していた。重田は、このように潜在している問題が「福祉に欠ける状態」であると認識していた。重田信一編『社会福祉学習双書24　地域福祉方法論』全社協・社会福祉研修センター、1986年、145頁。
23）『コミュニティ40　コミュニティ―10年』地域社会研究所、1975年、28頁。
24）岡村重夫は、この時期の都道府県社協が「組織化活動（生活困難の協同的、計画的解決）の真実の意味が理解」できていないと批判している。岡村重夫『地域福祉研究』柴田書店、1970年、137頁。
25）一例をあげると、「この『住民主体』理念は幾多の関係者の不変・永遠性をもった原則的理念として、その概念規定を質的に発展させながら堅持され今日にいたっている。」京都府社協編『住民主体の運動体社協』京都府社協、1985年、2頁。
26）永田幹夫「基本要項の前文について」『月刊福祉』第46巻第2号、全社協、1963年。
27）永田幹夫『地域福祉論』全社協、1988年、13～14頁。
28）行政管理庁の勧告は、共同募金の施設・生計困難者配分（平均33％）よりも社協配分（平均67％）が過半数を占め、特に社協事務費人件費への配分が不適当であるとした。当時のマスコミや世論などもそれに同調し、強く批判したという。『京都府社会福祉協議会三十年史』京都府社協、1985年、81頁。
29）山本信孝『社会福祉学習双書30　社会福祉協議会運営論』全社協・社会福祉研修センター、1979年、14頁。
30）もともと「福祉見直し」という言葉は、神奈川県知事であった長洲一二が、地方自治体の単独事業を整理して体系化する必要性を述べるために用いたものである。長洲一二『地方の時代と自治体革新』日本評論社、1980年。
31）福武直「コミュニティ理論の形成と展開」磯村英一編『コミュニティの理論と政策』東海大学出版会、1983年、6頁。
32）自治大臣官房過疎対策管理官室編『過疎白書―過疎対策の現況』昭和48年版、過疎地域問題調査会、1973年、2頁。
33）松原治郎編『地域の復権』学陽書房、1980年、16～17頁。
34）鏡諭「コミュニティ行政の組織運営」田中義政編『シリーズ自治を創る4　市民参加と自治体公務』学陽書房、1988年、82～83頁。
35）宮本憲一「住民運動の理論と歴史」遠藤晃・宮本憲一編『講座現代日本の都市問題8　都市問題と住民運動』汐文社、1971年、2頁。
36）奥田道大『都市と地域の文脈を求めて』有信堂、1993年、142頁。
37）奥田、同前、157頁。

38) 全国初の住民自主管理によるコミュニティ・センターは12年間で挫折して、1986年に市へ返却された。また運動の最盛期に地域住民の善意の土地提供により実現した「長寿村」「キャンプ村」「チビッコ広場」なども、ほとんどが持ち主に返されたことが報告されている。『ＡＥＲＡ』No.6、朝日新聞社、1992年、46〜48頁。
39) 経済企画庁編『新経済社会七ヵ年計画』大蔵省印刷局、1979年、150頁。
40) 『日本型福祉社会　自由民主党研究叢書8』自由民主党広報委員会出版局、1979年、88頁。
41) 最初に「有償ボランティア」という語句を使用したのは、1982年に発足したボランティアグループの神戸ライフケア協会といわれている。1989年8月17日付、日本経済新聞。
42) 古川孝順「社会福祉の拡大と動揺」日本社会事業大学編『社会福祉の現代的展開』勁草書房、1986年、23〜28頁。
43) 佐藤貞良「地域組織化の方法（地域福祉活動計画③）」右田紀久恵・牧里毎治編『地域福祉講座⑥―組織化活動の方法』中央法規出版、1985年、172頁。
44) 永田幹夫『地域福祉論』（前掲注27）34頁。
45) イギリスのコミュニティケアについては、小木曽洋司「家事労働と社会政策」北川隆吉編『時代の比較社会学』（青木書店、1992年）33〜48頁、英国バークレイ委員会報告（小田謙三訳）『ソーシャル・ワーカー＝役割と任務』（全社協、1984年）、小田謙三『現代イギリス社会福祉研究』（川島書店、1993年）、（社）生活福祉研究機構編『イギリスの実践にみるコミュニティ・ケアとケアマネジメント』（中央法規出版、1998年）などを参照した。

第2章
地域福祉論の対立軸と在宅福祉政策

◆◆◆

第1節　地域福祉概念の諸相

1．地域福祉論を分化させた影響

　1970年代に入ると、地域福祉論の研究が盛んになっていく。高度経済成長の影響下にあった1970年代とは、前章で述べた地域福祉への要請を促す外在的要因と内在的要因をはらんだ社会情勢と、社協の沿革に基づく「ニーズの全体性」と「個の主体性」を重視した地域福祉の2つの流れが交錯する時期でもあった。

　両極化した地域福祉の流れに上記の諸要因が与えた影響の本質とは、1つはイデオロギー（上からの政策のイデオロギーと下からの変革のイデオロギー）の力であり、もう1つは地域社会の内発的発展[1]の力である。コミュニティでの生活問題を対象として、上下のイデオロギーと地域の内発的発展の影響力がさまざまな角度で対峙していた。それが1970年代を起点とする地域福祉の背景といえる。

　この時期に主要な福祉研究者が定義した地域福祉の概念は、両極化した地域福祉の流れを構造的に理解し、さらに各要因に結びつくイデオロギーや地域の

内発的発展の力を分析したうえで成立している。そこから「住民自治の正当性とその発展」「資本主義社会の構造矛盾」「個人の主体性の尊重」「ニーズと社会資源の適合」といった焦点となる課題を導き出し、概念の中心に据えている。しかし各々の概念は強調点が異なったために、これらを基礎として提唱された地域福祉論は、理論的に分化していく。それをとらえた次の牧里毎治による地域福祉の概念の分類はよく知られている[2]。

① 構造的概念：地域福祉政策の形成過程を焦点化し、そこに見られる矛盾と対立を明確化しようとする考え方。政策制度論的アプローチと運動論的アプローチがある。
② 機能的概念：地域福祉サービスの内容を輪切りにして、地域福祉サービスの相対的な独自性や生活関連の公共施策を明確化しようとする考え方。主体論的アプローチと資源論的アプローチがある。

　分化した地域福祉論の論者の間では、相互の批判も先鋭的になっている。これについては、地域福祉論も全国規模の日本地域福祉学会を擁する学問である以上、研究者が各々の立場で、対象や問題に対して口角泡を飛ばすような論議があって当然という意見もある。けれども、地域福祉論の体系化が求められる情勢にあって、それは応酬される批判のなかでの理論武装にあるのではなく、理論と実践の融合を目標とした実学的な探究の先にあると考える。ここでいう体系化とは、現実の問題から出発して、求められる地域社会を展望する概念や方法論の総合を意味している。

　この体系化を前にして地域福祉論は、ずっと足踏み状態にある。そこから脱却する準備として、地域福祉の構造的・機能的の２つの概念に位置づけられる各アプローチの内容を検証し、分化した各論の特性を把握することから始めたい。

2. 構造的概念のアプローチ

　政策制度論的アプローチは、右田紀久恵の論考に代表される。右田は、地域

福祉を「生活権と生活圏を基盤とする一定の地域社会において、経済社会条件に規定されて地域住民が担わされて来た生活問題を、生活原則・権利原則・住民主体原則に立脚して軽減・除去し、または発生を予防し、労働者・地域住民の主体的生活全般にかかわる水準を保障し、より高めるための社会的施策と方法の総体であって、具体的には労働者・地域住民の生活権保障と、個としての社会的自己実現を目的とする公私の制度・サービス体系と、地域福祉計画・地域組織化・住民運動を基礎要件とする」[3] ものと定義する。

その意図は、住民の主体性の認識と権利の保障を地域福祉の原点とし、生活問題への包括的・全体的対処を図ることにあり、このための政策と制度の再構築を強調する。CO論としてみれば、住民の主体性や権利を基軸としながら、下からの変革のイデオロギーを結びつけて、生活問題に対処する考え方と読み解くことができる。ここから右田は、下からの変革のイデオロギーを地域の内発的発展と住民自治の構造的な力にとらえ直し、自治型地域福祉として持論を発展させている。これについては第4章で再論する。

運動論的アプローチは、真田是の論考に代表される。「国家をとおして支配層が行なう社会福祉政策に国民の社会福祉政策をどうしたら反映させることができるか」[4] を問う真田は、広義の地域福祉を次の3つの柱でとらえている。

① 産業政策をとおして地域の経済的基盤を強め、住民の生活の基礎を発展させる柱
② 過密・過疎問題に見られるような生活の社会的・共同的な再生産の部分の遅れやゆがみを正す柱
③ これらの措置を住民の自主的な参加＝運動の支えによって行なっていく柱

これらの柱は、真田の持論である社会福祉における「対象の二重性規定」を基礎としている。それは政策による対象の「対象化」の視点と、生活の諸局面での社会問題の発現を社会福祉の対象とする「社会問題としての生活問題」の把握を意味する[5]。こうした問題構造を明確にしようと、真田は社会福祉の「三元構造論」を構想した。

三元構造論とは、社会福祉の存立要件を次の3つの質と量、および相互関連から現実化され、かつ変化していくとみる理論である[6]。

① 対象としての社会問題
② 社会問題からの脱出もしくは解決を求める運動
③ 以上の2つに影響されながら支配権力が支配階級の立場から打ち出す政策

　これにより社会福祉の現実を階級関係からとらえたり、資本主義の下での社会福祉の変化・発展を認識し、その意味を解明しようとするのが真田の考え方である[7]。
　以上のアプローチがある構造的概念について牧里は、「貧困」をキー概念として対象を把握する点をとらえ、階級・階層性を媒介にして地域福祉の把握ができる利点と、そこに力点が置かれるあまり、地域福祉の機能的固有性を不鮮明にし、あるべき姿を不明確にする弱点があると指摘している[8]。

3. 機能的概念のアプローチ

　主体論的アプローチは、岡村重夫の論考に代表される。岡村は福祉サービスを受ける住民・要援護者の側に立って、地域福祉を問題解決の機能体系として展開する。地域社会で発生した生活問題に対しては、住民の主体的で組織的な解決を図る過程を重視しつつ、次の3つを構成要素とした地域福祉によって対処することを意図している。

① 最も直接的具体的援助活動であるコミュニティ・ケア
② コミュニティ・ケアを可能にする前提条件づくりとしての
　・一般的な地域組織化活動（新しい地域社会構造としてのコミュニティづくり）
　・地域福祉組織化活動（新しいコミュニティを基盤とした福祉活動の組織化）

③　福祉問題の発生を予防したり、福祉の増進を図るソーシャルワーク・サービスである予防的社会福祉

②の福祉組織化では、具体的な目標として福祉コミュニティの概念が提起されている[9]。この岡村の地域福祉論の象徴である福祉コミュニティ概念についても、第4章で再論する。

　資源論的アプローチは、三浦文夫の論考に代表される。三浦は主体論的アプローチによる地域福祉のとらえ方を継承しつつ、地域社会の特性を考慮しながら、多様な福祉サービスの供給システムを構築することに主眼を置く。そこでは地域福祉の対象が要援護者層に限定され、三浦の持論である非貨幣的ニーズ、つまり貨幣的には表示しえない生活上の諸障害に基づいて現れる要援護性を重視する。こうしたニーズへ対応するために三浦は、地域福祉における公私の社会資源の効果的・効率的な調達・動員を主張する[10]。

　全社協で要職を務めた永田幹夫は、地域福祉を「社会福祉サービスを必要とする個人・家族の自立を地域社会の場において図ることを目的とし、それを可能とする地域社会の統合化・基盤形成を図るうえに必要な環境改善サービスと対人的福祉サービス体系の創設・改善・確保・運用およびこれら実現のための組織化活動の総体」[11]と定義し、資源論的アプローチを中軸に据えた。また1980（昭和55）年に、全社協が『在宅福祉サービス組織化の手引』で公表した地域福祉の内容（図2-1）は、資源論的アプローチの推進の見取図となり、1980年代以降の社協活動に多大な影響を与えた[12]。

　以上のアプローチがある機能的概念について牧里は、地域福祉の体系を具体的に把握することができ、かつ地域福祉の固有性が機能的に説明できるのを利点とする一方、現実の地域社会での階級的・階層的な利害や対立を捨象し、抽象的理念として終結してしまう危険性を指摘する[13]。

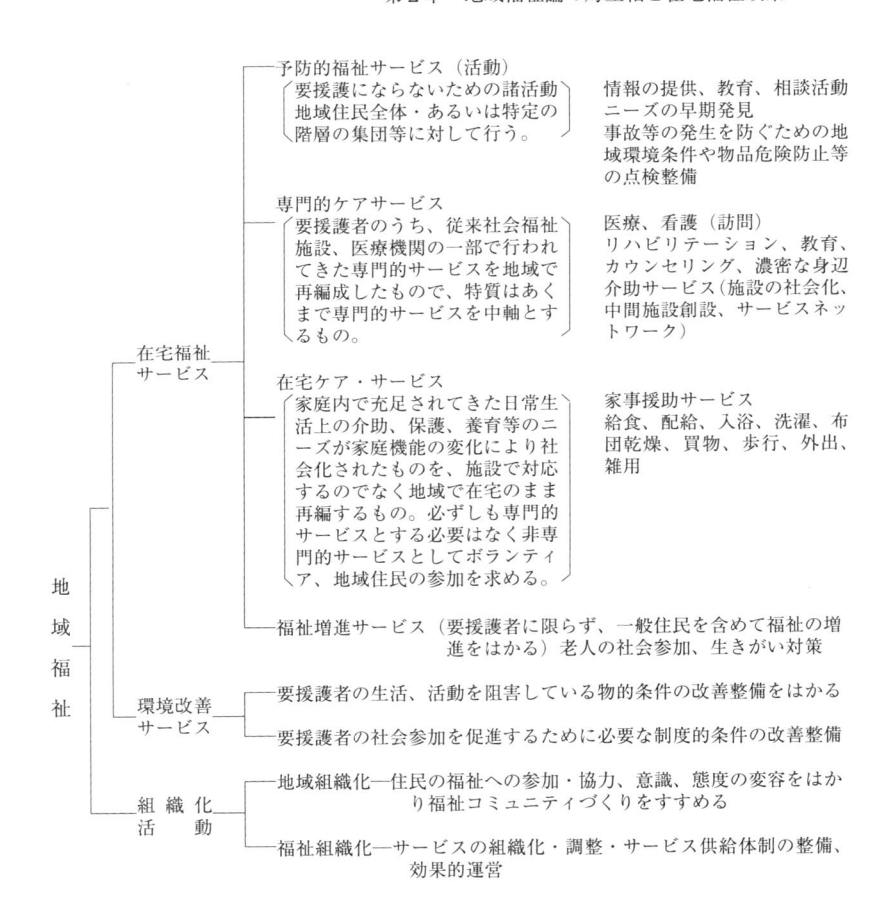

第2章 地域福祉論の対立軸と在宅福祉政策　39

```
                    ┌─予防的福祉サービス（活動）           情報の提供、教育、相談活動
                    │ ┌要援護にならないための諸活動       ニーズの早期発見
                    │ │地域住民全体・あるいは特定の       事故等の発生を防ぐための地
                    │ └階層の集団等に対して行う。        域環境条件や物品危険防止等
                    │                                      の点検整備
                    │─専門的ケアサービス                  医療、看護（訪問）
                    │ ┌要援護者のうち、従来社会福祉       リハビリテーション、教育、
                    │ │施設、医療機関の一部で行われ       カウンセリング、濃密な身辺
                    │ │てきた専門的サービスを地域で       介助サービス(施設の社会化、
                    │ │再編成したもので、特質はあく       中間施設創設、サービスネッ
             ┌在宅福祉│ └まで専門的サービスを中軸とす      トワーク）
             │サービス│  るもの。
             │      │
             │      │─在宅ケア・サービス                家事援助サービス
             │      │ ┌家庭内で充足されてきた日常生       給食、配給、入浴、洗濯、布
             │      │ │活上の介助、保護、養育等のニ       団乾燥、買物、歩行、外出、
             │      │ │ーズが家庭機能の変化により社       雑用
             │      │ │会化されたものを、施設で対応
             │      │ │するのでなく地域で在宅のまま
             │      │ │再編成するもの。必ずしも専門的
             │      │ │サービスとする必要はなく非専
             │      │ │門的サービスとしてボランティ
  地         │      │ └ア、地域住民の参加を求める。
  域         │      │
  福         │      └─福祉増進サービス（要援護者に限らず、一般住民を含めて福祉の増
  祉─┤                           進をはかる）老人の社会参加、生きがい対策
             │
             │環境改善┌─要援護者の生活、活動を阻害している物的条件の改善整備をはかる
             ├サービス│
             │       └─要援護者の社会参加を促進するために必要な制度的条件の改善整備
             │
             │組織化 ┌─地域組織化─住民の福祉への参加・協力、意識、態度の変容をはか
             └活 動 │           り福祉コミュニティづくりをすすめる
                     │
                     └─福祉組織化─サービスの組織化・調整・サービス供給体制の整備、
                                 効果的運営
```

図2-1　地域福祉の内容と公私の役割（一部）
出典）全社協『在宅福祉サービス組織化の手引』、1980年、65頁。

第2節　地域福祉論の理論的な相違点

1. 理論の認識と目的

　ここで分化した地域福祉論の対立軸をより明らかにするため、社会学における理論の評価基準の考え方を参照にする。高坂健次は、理論の共通理解を図る

ための枠組みに論及し、この枠組みに盛り込むべき論点を次の3つにまとめている。

① 理論を必要とするそもそもの動機とは何か。理論の認識目的は何か。
② 理論的説明のロジックや理論構築の手続きはどのようなものか。
③ 理論の優劣の判断基準は何か。理論の妥当性は何で判断されるのか。

そのうえで高坂は、一般理論・歴史理論・規範理論の間における理論観の違いによって理論状況を整理している[14]。牧里の分類で明らかなように、分化している地域福祉論は、①の動機と理論の認識目的に明白な相違点がある。そこで理論の認識目的での、高坂による3つの理論観の説明を概括しておく[15]。

一般理論の認識目的は、時間的・空間的に特定の歴史的個体としての社会を前提とせずに、社会現象を成立させる構造やメカニズムを解明する。歴史的個体からの自由は、理論の時間・空間的を特定するものではないが、かといってその理論が普遍的に妥当することを必ずしも意味しない。

歴史理論の認識目的は、時間的・空間的に特定された歴史事象（過去ばかりでなく現代や未来も含む）を対象とし、それを解明・記述して因果関係を特定する。この理論では、対象の空間性によりハイアラーキ（hierarchy）構造が構成され、どの水準に照準を合わせるかによって理論は異なってくる。上位の理論は下位の理論に根拠をもち、下位の理論は上位の理論のなかに位置づけられる。

規範理論の認識目的は、規範や秩序の形成や存続のメカニズムを対象とし、社会正義の正当性根拠を合理的に説明しようとする。それゆえこの理論は、国家や地方自治体など組織的な全体がある目的を与件とした時に、「現状をどのように制御するべきか」などの動機に基づいて構築される。

2. 実存と社会の問題関心と認識目的

地域福祉を研究する動機は、地域生活での実存的な問題と生活困難に陥らせている社会的な問題への2つの関心に焦点化される。そのなかで地域福祉論の

機能的概念は実存的な問題を、構造的概念が社会的な問題を理論の動機としている。これらの概念に連なる4つの各アプローチは、高坂の理論観による整理とその認識目的の考え方を適用して、理論の相違点を明白にできる。

機能的概念にある主体論的アプローチと資源論的アプローチには、前章でみたようにCO論が根底にある。COから社協活動論を練成し、それを普遍化してきた経緯が共通するため、両アプローチは一般理論に分類される。けれども「個の主体性の重視」と「ニーズの全体性の重視」に地域福祉の流れが分かれたように、両アプローチの認識目的には差違がある。分岐点となるものは、実存の問題に対して個人がより良き生活を志向する前向きさへの評価であり、それを主体論的アプローチが地域福祉の本質とするのに対して、資源論的アプローチは地域福祉全体における1つの対象としている。

構造的概念の運動論的アプローチは歴史理論に、政策制度論的アプローチは規範理論に分類され、各々に認識目的をもつものと理解できる。ともに時間軸が設定された対象と空間を認識目的としても、運動論的アプローチは、過去から現在の階級史観に基づいた支配層と住民の関係を認識し、そこでの権力構造を変革する地域福祉の実践を図ることを目的とする。一方の政策制度論的アプローチは、現在から未来への政策分析に基づいた国と地方の関係を認識して、この関係の再構造化に導く変革の力を地域福祉の実践を通して結集する、そうした目的の正当性と根拠を本質とする。

以上の理論の動機・形式・認識目的により、地域福祉論の機能的概念と構造的概念にある各アプローチは、表2-1のような再整理が可能である。

表2-1 地域福祉論の各アプローチの理論的な相違点

	理論の動機	理論の型式	理論の認識目的
主体論的アプローチ	実存的な問題	一般理論	より良き生活を志向する個人の前向きさを地域福祉の本質とする。
資源論的アプローチ			より良き生活を志向する個人の前向きさを地域福祉全体における1つの対象とする。
運動論的アプローチ	社会的な問題	歴史理論	支配層と住民の関係の認識と、その権力構造を変革する地域福祉の実践を図る。
政策制度論的アプローチ		規範理論	国と地方の関係の認識と、その再構造化に導く変革の力を地域福祉を通して結集する。

地域福祉論は構造的概念と機能的概念に分化し、さらに4つのアプローチが現出した。これらは理論の型式と認識目的に違いがあるため、特定の論点について学派的な論争をしても、ほとんど非対称な応酬となってかみ合わない。いずれかの理論の優位性を証明するべく論駁しあっても、見るべき成果は生んでいない。むしろこれは地域福祉論の視野が広まったと認識して、理論がもちえた幅を生かす方が有意義になるといえよう。

しかしながら1980年代以降、福祉政策における地域福祉の重要性が高まるにつれ、住民の福祉ニーズに対応するために、最も可視的な資源論的アプローチに注目が集まるようになった。その経緯を次節でみていく。

第3節　在宅福祉政策への再編の軌跡

1.『在宅福祉サービスの戦略』の影響

1970年代後半からの福祉政策は、日本型福祉社会論やコミュニティケアの理論などの影響もあって、次第に在宅福祉サービスの供給を重視する傾向が強まった。そういった関連の事業に、国はガイドラインを定めて重点的に補助金を出し、市町村での在宅福祉の補助金単独事業として拡充させた。

社協活動に目を向ければ、1970年代末までは「ニーズの全体性」と「個の主体性」をそれぞれ重視する地域福祉の2つの流れが並行していた。こうしたなかで1979（昭和54）年に刊行された全社協『在宅福祉サービスの戦略』は、「以後10年の社会福祉、とくに社協活動が在宅福祉サービスを中心とした地域福祉活動に大きく転換していく契機となった」[16]といわれている。「在宅福祉サービスは新しい概念であり、今日わが国の社会福祉が新しく切り開こうとしている戦略的課題のひとつでもある」の提起で始まる『戦略』は、次のように地域福祉をとらえながら在宅福祉サービスを枠づけした。

① 地域福祉の概念を、〈在宅福祉サービス〉〈環境改善サービス〉〈組織化活動〉によって構成する。

② 在宅福祉サービスを、〈予防的福祉サービス〉〈専門的ケア・サービス〉〈在宅ケア・サービス〉に分けて体系化する。

　この『戦略』について井岡勉は、貨幣的・非貨幣的ニーズ二分論と後者への在宅福祉対策課題の矮小化、公的責任の民間転嫁を導きかねない公私分担論などの問題点を内包するものと批判している[17]。けれども『戦略』の指南に従って、1980年代から「ニーズの全体性」の重視へと市町村社協活動の大勢が決したのは、まぎれもない事実であった。明らかに原動力となったのは福祉政策であるが、そればかりであるとも言い切れない。なぜなら高度経済成長期という地域開発優先の時代を反省するなかで、生活の真の豊かさを問う根源的なテーマに人々の関心が高まっていたからである。

　そのオピニオンリーダーであった暉峻淑子は、高度経済成長がもたらした豊かさを「根のない表面的な豊かさ」と評し、このもろさは寝たきり老人になれば実感すると世論に訴えた[18]。これに呼応するかのように、大熊由紀子や岡本祐三らが北欧には寝たきり老人が存在しないと報告したのも衝撃を与え[19]、国を『高齢者保健福祉十か年戦略』の「ねたきり老人ゼロ作戦」の施策へと走らせた。

　量的な充実度が測定できる在宅福祉サービスは、生活優先の時代における豊かさの指標にもなり、一挙に地域福祉でのメジャーな位置を占めた。それに反比例して社協の組織化活動は、「いわば目に見えにくい組織化という社協機能は、住民・関係者の理解を得るのは容易でなく、一面で実際的サービス活動を通じて、それへの参加を求めながら理解を広げようした」[20]といった、マイナー視される評価を受けるようになった。

2. 福祉改革と社協活動の再編

　1990年代は、福祉改革に縁取られた時代として記録に残る。1990（平成2）年6月に成立した社会福祉関係八法改正を内容とする「老人福祉法等の一部を改正する法律」は、21世紀の本格的な高齢化社会の到来に対応し、住民に最も身近な市町村で在宅福祉サービスと施設福祉サービスを提供する体制づくりの推進を目標とした。この法律の改正では、次の事項が主要点となった。

① 在宅福祉サービスの積極的推進
② 在宅福祉サービスと施設福祉サービスの市町村への一元化
③ 市町村および都道府県老人保健福祉計画の策定

　また社会福祉事業法の基本理念も書き改められ、第3条第1項において、地域での福祉サービスの提供が強調された。これらの動向に社協のあり方を適合させるため、八法改正と同年の8月に全社協は、社協基本要項を改訂するための『新・社協基本要項』第1次案を提起した。同案では、住民主体の原則を「住民参加の原則」と改めていた。これは地域福祉の「個の主体性」を重視した社協基本要項を、「ニーズの全体性」の重視に方針転換するものと受けとめられたために、当初20以上の都道府県・指定都市社協が反対意見を表明した。

　多くの福祉研究者も巻き込みながら論議は2年近くも続き、ようやく前文で「住民ニーズと地域の生活課題に基づく福祉活動、地域組織化などをめざす住民主体の理念を継承する」と謳って決着し、1992（平成4）年4月に『新・社協基本要項』はひとまず策定された。しかし同要項の具体化という名目で、1993（平成5）年7月に全社協が策定した発展・強化計画『ふれあいネットワークプラン21』では、住民主体の語句は一度も用いられなかった。代わりに「Ⅱ　社会福祉協議会らしい活動の展開」の項目で〈住民参加を徹底します〉と強調され、住民参加型福祉活動の組織化が掲げられた。

　1994（平成6）年からは、ふれあいネットワークプラン21を青写真とする「事業型社協推進事業」を含む、地域福祉総合推進事業が国庫補助事業として開始された。この事業型社協推進事業では、次の3点が目的としてあげられた。

① 都道府県・指定都市社協を実施主体とし、市区町村社協が各種の公的福祉サービスを積極的に受託する。
② これらを民間の立場から柔軟に運営しつつ、公的サービスでは対応できない多様なニーズにも即応できる事業を開発する。
③ 住民のあらゆる生活・福祉問題を受け止め、素早く、確実に問題解決につなげていく事業型社協として市区町村社協を育成する。

また同事業の実施にあたり、全社協は『「事業型社協」推進の指針〔改訂版〕』（1995年）を作成している。そこでは見える社協づくりとして、「社協は質の高いサービスを提供できる民間組織としてその地域になくてはならないものであるという存在意義を明らかにしていくこと」（7頁）を求めた。
　1999（平成11）年3月に、地域福祉総合推進事業は「市区町村社協総合支援事業」と改定され、事業型社協推進事業も「市区町村社協強化推進事業」に改められた。これをもって、在宅福祉サービスの供給を至上目標とした社協の再編期は終焉する。そして、21世紀を目前にして社会福祉法が制定された。同法やサービス供給主体の多元化、全国的な市町村合併の情勢を新たな節目として、社協の歴史は変動期に入ったと認められる。

3. 歴史と沿革のまとめ

　戦後の激動期に社協が「上から」創設され、さらに市町村段階まで急速に組織したことが、脆弱で均質な社協組織を地域に据えて、その活動の定着を困難にした。CO論は社協活動の方向性を指し示す役割を果たしたけれども、一方で「ニーズの全体性」と「個の主体性」のそれぞれを重視する地域福祉の流れを生んだ。
　1970年代からの福祉見直しの10年間は、地域福祉に対する要請のさまざまな要因を内包しつつ、結局のところ1980年代からは、「ニーズの全体性」の重視が世論の支持も得て福祉政策の主流となり、社協活動も在宅福祉サービスの供給を重視する方向に収斂され、その整備が法的にも財源的にも進められた。以上が社協の沿革を軸とした地域福祉の歴史の要約となる。
　ここで注意すべき点がある。1970年代からの福祉見直しは大きな転換点と理解されるものの、そこには約10年の移行期間があった。この経過のなかで、地域福祉の理論と実践が成熟していったのを軽視はできない。その一方で1990年代からの福祉改革は、一定の理念に沿っていたとしても、地域福祉に関連した法制度の改正が目まぐるしく、新たな制度や社会資源が次々と生まれ、これに従事する者の専門職化も進んだ。それだけ地域福祉は脚光を浴びたといえる反面、果たして社協などの現場は急速な変化を納得して咀嚼したのか。またその

間に、地域福祉論が方法論的な前進をみたのかは別問題となる。

　この点について岡崎仁史は、「福祉政策学の立場からの立論により政策体系は明確になったが、地域援助技術からの立論が少なく、市町村社協の現実に十分接近できていないのではないか」[21]と指摘する。これはつまり、次々に打ち出される法制度の改正や福祉政策についての後解釈に追われ、地域福祉本来のボトムアップの手法を考える余裕が奪われた姿である。現実の地域社会の実態からあるべき理想のコミュニティへと導く地域福祉の実践の方法論は、未だ理論的な研究の余地を多く残しているといえる。

　CO論の導入の過程をみると、実践や施策の方向づけに用いられた感が強く、わが国の農村社会学や都市社会学などの研究業績と照合して解釈された痕跡はあまりみられない。それがCOの日本的な展開を不十分にした原因の1つとなっている。またこれまで地域福祉論は、諸外国から各種の方法論を積極的に導入しているが、すべてCO論と同じ課題、つまりそれをいかに定着させるかの問題を抱えている。この点を克服しなければ、理論はただ「古いか新しいか」の価値尺度でしか評価されない。

　以上のような課題をふまえて、現実の住民のニーズや生活問題に対し、住民の日常的な生活で得た知識と連帯でもって対処する方法を福祉コミュニティの形成として考察する。そこではまず、明確にコミュニティを対象化することが前提となる。

【注】
1）この言葉を最初に使った鶴見和子は、内発的発展を「目標において人類共通であり、目標達成への経路と、その目標を実現するであろう社会のモデルについては、多様性に富む社会変化の過程である。共通目標とは、地球上のすべての人々および集団が、衣・食・住・医療の基本的必要を充足し、それぞれの個人の人間としての可能性を十分に発現できる条件を創り出すことである。それは、現在の国内および国際間の格差を生み出す構造を、人々が協力して変革することを意味する」とまとめている。鶴見和子・川田侃編『内発的発展論』東京大学出版会、1989年、49頁。
2）牧里毎治「地域福祉の概念構成」右田紀久恵・高田真治編『地域福祉講座①——社会福祉の新しい道』中央法規出版、1986年、148～168頁。
3）右田紀久恵「地域福祉の本質」住谷磐・右田紀久恵編『現代の地域福祉』法律文化社、

1973年、1頁。
4）真田是「今日における社会福祉研究の役割と責任」『社会福祉研究』第37号、鉄道弘済会、1985年、5頁。
5）藤松素子「地域における社会福祉の展開について」『立命館産業社会論集』第29巻第4号、1994年、105頁。
6）真田是『現代の社会福祉理論』労働旬報社、1994年、46頁。
7）真田、同前、141頁。
8）牧里毎治「地域福祉の概念構成」(前掲注2）156頁。
9）岡村重夫『地域福祉論』光生館、1974年、57〜64頁。
10）三浦文夫「社会福祉サービスの変遷と地域福祉」青井和夫監修／三浦文夫編『社会福祉の現代的課題——地域・高齢化・福祉』サイエンス社、1993年、39〜48頁。
11）永田幹夫『地域福祉論』全社協、1988年、42〜44頁。
12）このとき全社協は、地域福祉の内容を整理するなかで、組織化の考え方を地域組織化と福祉組織化に二分して整理した。これは岡村の組織化論に、CO論のニーズ・資源調整説とインター・グループワーク説を組織化の考え方として組み合わせ、再構成したものと理解できる。ただし、地域組織化に岡村の福祉組織化の理論を該当させ、福祉組織化を関連する社会資源の動員および開発を目標とする組織化としたため、当初、各方面で混乱を招いた。永田、前掲『地域福祉論』、44頁の註1を参照。
13）牧里毎治「地域福祉の概念構成」(前掲注2）159頁。
14）高坂健次「社会学理論の理論構造」高坂健次・厚東洋輔編『講座社会学1　理論と方法』東京大学出版会、1998年、42〜45頁。
15）高坂、同前、45〜60頁。
16）『全国社会福祉協議会小史——この10年』全社協、1991年、112頁。
17）井岡勉「わが国の地域福祉政策の登場と展開」右田紀久恵・井岡勉編『地域福祉——いま問われているもの』ミネルヴァ書房、1984年、35頁。
18）暉峻淑子『豊かさとは何か』岩波書店、1989年、7頁。
19）大熊由紀子『「寝たきり老人」のいる国いない国』(ぶどう社、1990年)、および岡本祐三「難病と寝たきり老人」『厚生福祉』(時事通信社、1988年5月11日付）を参照。
20）和田敏明・山本信孝「社会福祉協議会と民間社会福祉法人の課題」社会保障研究所編『社会福祉改革論Ⅱ』東京大学出版会、1984年、235頁。
21）岡崎仁史「『地域福祉新時代』における社会福祉協議会の役割と展望」『社会福祉研究』第60号、鉄道弘済会、1994年、145頁。

第3章
コミュニティを対象化する理論

◆◆◆

第1節　地域福祉におけるコミュニティの対象化

1. コミュニティケアとコミュニティ

　地域社会や地域共同体などと訳されるコミュニティは、ロングマン英英辞典（第3版）をみると、「いっしょに住み、そして関心や宗教や国民感情などを分かちあって、結びついた人々のグループ」と説明している。つまりコミュニティは、人々が居住する実在空間であるとともに、これらの人々の思いなどが込められた意味空間としてある。しかしながら古川孝順は、社会福祉の観点から「それが克服の対象とされているのか、再生の対象とされているのか、あるいは形成の対象とされているのか、議論の方向や内容は決して一定でない」[1]とコミュニティを評している。

　地域福祉ではどうであったのか。1969（昭和44）年の東京都社会福祉審議会による答申『東京都におけるコミュニティ・ケアの進展について』は、施設ケアに相対する概念としてコミュニティケアを初めて検討したものであった。同答申では、コミュニティケアを暫定的に「コミュニティにおいて在宅の対象者に対し、

そのコミュニティにおける社会福祉機関・施設により、社会福祉に関心をもつ地域住民の参加をえて行われる社会福祉の方法である」と規定している。この答申の審議会委員であった前田大作は、答申でのコミュニティケアは在宅対象者対策や居宅対策と同義であるものと述べている[2]。

これに続く、1971（昭和46）年の中央社会福祉審議会による答申『コミュニティ形成と社会福祉』では、コミュニティケアを「社会福祉の対象を収容施設において保護するだけでなく、地域社会すなわち居宅において保護を行い、その対象者の能力のより一層の維持発展をはかろうとするものである」と規定した。同答申の内容は、care in the communityの理念をふまえ、地域を基盤にする社会福祉の資源を統合したサービス体系を目指した点で、東京都の答申よりも前進している。しかしこの答申でも、コミュニティの本質についての論及は不十分であった。

2. 住民主体の原則とコミュニティ

1962（昭和37）年の社協基本要項に規定された住民主体の原則は、歴史的に特筆される理念であった。けれどもその後の社協の歩みをみると、対行政への組織力学的なアンチテーゼとしてこの原則にこだわった感が強い。CO論からみて住民主体の原則は、福祉ニーズの発生因をコミュニティの実態と突き合わせて分析した後の、活動論の戦略に生かされるものとなる。しかしながらそこまでコミュニティを対象化した社協は少なく、またそのための力量不足もあまり自省できなかった。これが社協活動の多くに、住民から確固たる支持を受けていない要因にもなった。一方で、1990年代に入って福祉NPOが脚光を浴びたのは、その活動が取り上げた諸問題や用いた方法が地域社会の実態を照らし、そこからコミュニティとしての理想のあり方が掲げられ、住民参加を促す説得力をもちえた点が大きかったといえる。

コミュニティの対象化を曖昧にした問題は、地域福祉の推進にも不明確さを及ぼしている。1993（平成5）年に厚生省が告示した『国民の社会福祉に関する活動への参加の促進を図るための措置に関する基本的な指針』を受けて、同年8月に全社協は『ボランティア活動推進7ヵ年プラン』を打ち出した。そこでは

21世紀までに「国民の過半数が自発的に福祉活動に参加する参加型社会の実現」を基本目標として掲げた。

　この国民の過半数の参加という目標は、1958（昭和33）年以来、内閣府（旧、総理府）が実施する「国民生活に関する世論調査」のデータを拠り所にしている[3]。同調査には、「今後の生活についての意識」の項目がある。そこでは1980（昭和55）年以降、これからの生活には「物の豊かさ」よりも「心の豊かさ」に重点を置きたいという結果が連続して出た[4]。けれども全社協が、このデータからコミュニティでのボランティアの意欲を抽出する作業をした形跡はない。このため過半数の参加は、そこに到達するまでのプロセスを欠く、最初から不可能性を抱え込んだ目標といわれても仕方がなかった[5]。

　ボランティアの意欲の変化を別の調査結果から傍証したい。NHK放送文化研究所は、1973（昭和48）年から5年ごとに「日本人の意識」調査を実施している。1998（平成10）年には、16歳以上の男女5,400人を無作為抽出して6回目の調査を実施し、この25年間の変化をまとめた。そこでは余暇の過ごし方を次の選択肢で問うている設問がある。

① 好きなことをして楽しむ　　　　　　　〈好きなこと〉
② 体をやすめて、あすに備える　　　　　〈休息〉
③ 運動をして、体をきたえる　　　　　　〈運動〉
④ 知識を身につけたり、心を豊かにする　〈知識〉
⑤ 友人や家族の結びつきを深める　　　　〈友人・家族〉
⑥ 世の中のためになる活動をする　　　　〈社会活動〉

　回答の結果は、多いものから〈好きなこと〉〈休息〉〈友人・家族〉〈知識〉〈運動〉〈社会活動〉の順で、この順番は25年間変化しなかった。〈社会活動〉をあげた人は、5～7％の間で安定している。各方面でボランティア革命が謳われた、阪神・淡路大震災が発生した1995（平成7）年を挟んでいる、1993年度と1998年度の調査結果を比較しても、〈社会活動〉は1％しか増えていない[6]。

　以上でも明らかなように、地域社会をとらえる冷静な視点が、これからの地

域福祉には必要である。その前提としてコミュニティを明確に対象化しなければ、地域福祉の理論自体が脆弱なものとなりかねない。そのため社会学の研究史を整理し、コミュニティ概念はいかに定義され、どのように認識されているのかをみていく。

第2節　社会学におけるコミュニティ概念

　コミュニティを研究対象とした社会学は、住民の日常的な生活行動を空間的制約のなかで把握し、全体的に概観しつつ一定の特徴点を見いだすのを一般的な手法とする。それは結果として、多数のコミュニティ概念の定義を生み出した。94冊の社会学の文献にあるコミュニティ概念の基本的特性を分析した、ヒラリー（Hillery, G.A., Jr.）による「コミュニティの定義」（1955年）の論文はよく引用されている。それによると、94あるコミュニティの定義のうち69が、次の3つを共通項にしているとされる[7]。

① それを構成する諸個人の間で、社会的相互作用が交わされている。
② 地域的空間の限定性
③ 共通の絆

　①はコミュニティの共同性、②はコミュニティの地域性と解釈され、ともにコミュニティの共通要件として定着した。ただ③の共通の絆については、倉沢進が2つのレベルでの共同性の見方に関与していると主張する。それは客観的な事実としての相互作用とそこから生まれる相互依存性という意味での共同性と、社会心理的なつながりを意味する共同性である。さらに倉沢は前者レベルの共同性のなかから、後者の意味あいの共同性を生み出していくのが、コミュニティ論の中核的な問題であると論じている[8]。この社会心理的なつながりに注目した共通の絆の考え方は、福祉コミュニティをアイデンティティの視角でとらえる第5章にて参考にする。

コミュニティ概念の研究史を検証すると、コミュニティをある種の理念として把握するのか、あるいは現実に存在する実体として把握するのかを、研究上の分岐点としている。その点について小笠原眞は、社会学史での指導的なコミュニティ概念には、①上位概念的なコミュニティ、②下位概念的なコミュニティ、③生態学的なコミュニティ、の3つがあると論及している[9]。これらの概念の概要を順にみていきたい。

1. 上位概念的なコミュニティ

上位概念的なコミュニティ論の始祖は、マッキーヴァー（MacIver, R.M.）である。彼は処女作『コミュニティ』（1917年）のなかで、コミュニティが客観的に成立する要件として〈地域性〉と〈共同関心〉を提唱し、社会生活が営まれる地域の総体を概念化したことで知られる。

マッキーヴァーは、まずコミュニティを「村とか町、あるいは地方や国ともっと広い共同生活のいずれかの領域」とする、自然形成的な一定の共同生活の範囲＝地域社会（集団）と定義した[10]。けれども地域性だけで認識されるコミュニティは、共同生活を成立させる基礎条件にしかならない。人間をあくまで本来、社会的な存在とみるマッキーヴァーは、社会の特定の側面からコミュニティをとらえるべき必要性を提唱した。この側面でコミュニティを「本来的に自らの内部から発し（自己のつくる法則の規定する諸条件のもとに）、活発かつ自発的で自由に関係し合い、社会的統一体の複雑な網を自己のために織りなすところの人間存在の共同生活」[11]と再定義している。

ここでいう社会とは、社会関係——その関係は人々の間の意志された関係である——から成立する概念とされる。この社会の基礎概念から出発してコミュニティを、生きている社会自体を全体的に把握する包括概念（＝全体社会）であるとし、それは関係性で把握されるのではなく、関係を結ぶ人間の〈共同関心〉を構成単位にするとした。個人の側からみれば、コミュニティとは個々の生活を全体的・包括的に充足させる場であり、しかもそれが外的な統制ではなく、内的な規範に基づくことが特性となる。

コミュニティは人々の社会生活を焦点とするが、こうした人々がある共同目

的に基づいて創られる確定した社会的統一体を、マッキーヴァーはコミュニティとは別に、「アソシエーション」と定義している[12]。すべてのアソシエーションは、コミュニティの内部に組織された社会生活形態であり、各々が独自の位置と意味をもつ。これに対してコミュニティは、それらの全体を合わせた以上の大きな概念であるとした。つまりコミュニティに秩序をもたらす部分的な社会生活の組織体であるアソシエーションは、1個の統一体（＝国家）となる場合があっても、個々人の総和はコミュニティにはなりえない。コミュニティは部分の総和以上のものであり、総計することができない個々人の社会関係のなかにコミュニティは存在するのである。

以上のようにコミュニティは、アソシエーションも含めたすべてを包摂する人々の社会生活の結節点となるために、コミュニティの構成員が自身のパーソナリティを成熟させることを、マッキーヴァーは規範や理念として強調した[13]。

2. 下位概念的なコミュニティ

下位概念的なコミュニティ論は、アメリカの農村社会学者らがマッキーヴァーのコミュニティ概念を実体性に乏しいものと批判し、実質的なコミュニティには、国家などとは別種の特性があるとの主張をもって唱えられた。彼らはまず、村落社会にある各種の社会資源と住民の結びつきの範囲を生活圏としてとらえた。これらが複合している様子を実証的に研究した結果、現代における村落社会の急激な変動が、次第に地域性を消失させる一方で、全体としてアソシエーション化が進んでいく様子を浮き彫りにした。

その論者の1人であるギャルピン（Galpin, C.J.）は、中西部の農村コミュニティを生態学的に観察し、集落を形成せずに散村形態をとる多数の農家が、田舎町を中心として結びついている点に注目した。これを都鄙コミュニティ（rur-ban community）と名づけ、農村と田舎町が相互依存関係にある村落コミュニティの型式を実証した[14]。

こうした研究の成果を受けて、後にマッキーヴァーもコミュニティの変容を認めている。後期の著書では単にコミュニティが成立するだけでなく、存続するための主観的な基礎要件として、われわれ感情・役割意識・依存意識を要素とす

るコミュニティ感情（community sentiment）を論じたのも、その影響があったといわれている[15]。

3. 生態学的なコミュニティ

　アメリカでシカゴ学派と称された、20世紀の初頭からのシカゴ大学社会学部の研究者による一連の業績は、都市社会学の学問的地位を飛躍的に高めた。これらの業績は、生態学的な視点でコミュニティを把握したもので、後年まで多大な影響を与えている。

　学派の創始者であるパーク（Park, R.E.）は、社会を〈競争〉→〈闘争〉→〈応化〉→〈同化〉の社会過程で把握される社会的相互作用であると考えた。そして〈競争〉の段階で発生する人間社会をコミュニティとし、〈闘争〉〈応化〉〈同化〉の段階で発生するソサエティとは区別して、共棲社会であるコミュニティから文化的社会であるソサエティへと進展する過程で人間社会の変動をとらえようとした。コミュニティの視点からだと、都市は個々人と社会制度の集合であり、ソサエティの視点からであれば、都市は慣習と伝統の構成体であるとパークは認識する。さらに文化的上位構造は共棲的下位構造の基礎に立脚するので、コミュニティをソサエティに対する下位概念と位置づけた。

　このソサエティを理解するのに、コミュニティの把握が必要不可欠となるため、生態学（＝動植物の地域的分布と環境適応の様式を研究する生物学の一分野）を都市の人口分布と地域組織に応用した、「人間生態学」を基礎理論とする。そしてコミュニティの形成を人間の意識的・合理的な集合行動の結果とはせず、生態学で定式化された棲み分けなどの命題により考察した。ただしあくまでも〈競争〉の段階までをコミュニティとするため、人間生態学では社会的相互作用を捨象している。

　パークとともにシカゴ学派の重鎮であったバージェス（Burgess, E.W.）は、人間生態学を用いて特質の異なる次の３つのコミュニティ概念を規定した。

① 生態学的コミュニティ：動植物コミュニティの構成体と類似する、位置と運動によって考えられた人間コミュニティの

自然的組織。
② 文化的コミュニティ：一定の地域における共同生活の地域文化の形成・維持に及ぼす影響から考えられるコミュニティ。
③ 政治的コミュニティ：コミュニティ組織の事業や政治の範疇となるコミュニティ。

この生態学的なコミュニティ概念を基礎に、バージェスがシカゴ市を研究して創出したのが同心円地帯理論である。この理論で都市化とは、中心部への人口流入によって放射線的に拡大するものとされ、それを取り囲む地域を外側へと押し出していくなかで（＝向心および離心）、次の5つの地帯を構成していく。

① 中央商業地帯である都心部
② 都心部を囲む、オフィスや工場が多くを占める推移地帯
③ 労働者住宅地域
④ 中産階級の住む住宅地域
⑤ 上流階級の住む高級住宅地域

このように同心円地帯理論は、重層構造をなす複数のコミュニティに、個人が同時に所属するのを解明した地域構造理論であるとともに、都市の発達を単に集合の過程としてのみならず、都市の拡大の過程もとらえた地域過程論として示された[16]。

4．ワースのアーバニズム論

パークの弟子であるワース（Wirth, L.）のアーバニズム論は、都市社会を構成する人間の個人的あるいは集団的な適応の現実を解明したものである。ワースは都市を「社会的に異質的な諸個人の、相対的に大きな、密度の高い、永続的な集落」と定義し、そこで生活する人々の「特徴的な都市的生活様式を構成する諸特性の複合」をアーバニズム（都市性）と命名する。都市はそこに住む

人々だけでなく、農村に住む人々にも影響を与えるという、都市と農村は連続しているとみる都鄙連続体説に拠っていたワースは、アーバニズムの拡散と浸透の過程（アーバニゼーション）、つまり都市化を明らかにする課題を追究した。

そこでワースは、人口量・密度・異質性という人間生態学からの概念を変数とし、生態学的・組織論的・社会心理学的な3つの視角からなる三重図式を示して究明し、アーバニズムの体系的な全体像を明確化する。構造面では社会的分化とこれに伴う複雑な社会組織の成立（例として、家族機能と縮小と専門機能別機関の発達）を指摘し、個人は同時に分化した機能集団に属することを主張した。

また相互作用面では、家族・親族・近隣などの第一次集団でのパーソナルな接触の社会的意義が低下して、マスコミなどを通したインパーソナルな二次的社会関係——それは非個人性・皮相性・一時性・環境性・功利性などの特徴をもつ——に代替されるのを示した。この結果、ある程度の解放性がもたらされた反面、社会解体によってさまざまな病理現象が民衆に作用すると予測した[17]。

このようにアーバニズム論は、人口の異質性が増すと生活様式の変異性も高まり、それが諸集団の機能的な分化を促すという二次的社会関係を指摘した。これによって都市化によるコミュニティの重層化と、それに伴う都市生活者の第一次的関係の衰退という都市問題を明確にしたのである。

5. ウォーレンのコミュニティ・システム論

現代では都市化の進展とそれに伴う人口の集積が進み、交通や通信手段の発達が社会の流動性を高めている。この状況はコミュニティと外部の社会システムとの結びつきを強めさせる一方、コミュニティの自律性を低下させている。こうした社会の変化要因とコミュニティの特性は、従来の静態的なコミュニティ概念では把握できないとウォーレン（Warren, R.L.）は考えた。そこでコミュニティを「地域にかかわりのある主要な機能を果たしている社会単位やシステムの複合体」と定義し、地域性と機能に焦点を置いたシステム概念を導入して、コミュニティの多元的で複雑な様相の分析を図った。

コミュニティ・システム論の提唱者となったウォーレンは、コミュニティ内部

の単位（サブシステム）と外部の組織との関係を、次の2つのパターンに区別している。

① コミュニティの内部における単位間の関係（＝水平的パターン）
② コミュニティ内部の単位と外部の社会組織との関係（＝垂直的パターン）

両方のパターンにおける分析の対象として、(a)構造的関係、(b)地域の構成単位とシステムの本部の機能、(c)構成単位の地位－役割と外のコミュニティ・システムの関係、(d)システムの統制と構成単位の統制、(e)単位とシステムのインプット・アウトプットの交換、を規定してコミュニティの動態的な把握に努めた[18]。またウォーレンは、現代コミュニティがコミュニティとなる不可欠な価値要件として、①コミュニティの自律性、②コミュニティ問題の処理能力、③政策決定権力の広範囲にわたる配分（＝住民参加の拡充）、の3点をあげている[19]。

以上のようにウォーレンは、都市化とともにコミュニティが機能を高度化させ、内外のシステムと連携していく様子を追究した。そこではもはや包括的なコミュニティ概念は分析の道具として有効性を失ったとし、限定的な概念としてのコミュニティにおいて、あるべきシステムや機能、これに関連する人々の共同性を重視したのである。

第3節　日本の都市社会学研究の業績

日本の都市社会学の研究者については、富永健一が生成期の第一世代と、続く展開期を担った第二世代とに区分し、主な業績の特徴を整理している[20]。第一世代の研究者は、戦前からアメリカ社会学のコミュニティ研究の紹介に努め、戦後初期、混乱と激変の渦中にあった都市社会の実態を把握するために、こうした理論や技術を適用して成果をあげた。第二世代は、第一世代の業績を引き継ぎながらも、アメリカとは背景が異なる都市研究を同一に論ずることを避け、日本社会の固有性を意識した研究を進めて、国のコミュニティ政策にも貢献し

た。以下、富永の整理に従って、日本の都市社会学におけるコミュニティ研究史を順にみていく。

1. 第一世代の都市社会学者の業績

都市社会学の生成期では、敗戦後の混乱から新しい発展に向かう、都市化の理論の構築が主な課題となった。それを担った第一世代の研究者とは、奥井復太郎・鈴木栄太郎・磯村英一などである。1921（大正10）年に『現代大都市論』を著した経済学者の奥井復太郎は、パークらシカゴ学派の人間生態学を紹介し、わが国の都市社会学の基礎を固めている。しかし奥井は単なる理論の紹介に終始せず、日本の都市の現状に照らして人間生態学を批判的に検証したうえで、その理論を適用した都市調査を数多く行った。

鈴木栄太郎は、戦前にギャルピンの影響を受けた農村社会学者としてスタートし、戦後は都市社会学者へ転じて、1957（昭和32）年に『都市社会学原理』を著した。同著では都市を「社会的交流の結節機関」の集合であると規定した。そのうえで、集落社会の上に社会的交流の結節機関が加わってくる過程を都市化とみなし、正常人口の生態学的動態を基礎とする生活構造と社会構造の統一的な把握を提起した[21]。

鈴木とともに都市社会学研究のパラダイムを提供したのが、1953（昭和28）年に磯村英一が著した『都市社会学研究』である。磯村は東京都の都民室長を務めた後、都立大学教授に転じ、戦後まもない東京や大阪のスラムや盛り場を調査して、都市社会構造分析の中心点としての「第三空間」論を提示した。これは人間生態学的アプローチを基礎として、第一空間（＝家庭・近隣）や第二空間（＝職場）の基礎的集団から離れて位置している盛り場を、第三の空間として規定する。その盛り場の機能を「生活拡充的機能」と名づけ、この形成を都市と非都市を識別する基準とした。つまり磯村は、都市の定義を第三の空間のような機能的生活共同体の成立に求めたのである[22]。

2. 第二世代の都市社会学者の業績

第1章で取り上げた、国民生活審議会のコミュニティ問題小委員会による報

告書『コミュニティ―生活の場における人間性の問題』(1969年)では、奥田道大・倉沢進・安田三郎らの第二世代の都市社会学者が専門委員として名を連ねている。このまえがきには「本報告書はコミュニティ問題に対して、不完全ながら正面から取り組んだ最初の試みであって、われわれはこれによってコミュニティに対する理解が行政の中に醸成され、この問題が行政ベースにのる突破口が作られることを切に期待する」とあり、自治体にコミュニティ施策の契機を与える意図を表明していた。

第二世代の都市社会学者らは、主としてワースのアーバニズム論を修正・補充・再定式化する論理を展開した。高度経済成長期の急激な産業化がもたらした農村の都市化や都市内部の空洞化などの社会変動を受けとめ、これを綿密な調査分析で実証しつつ、日本の地域社会の特性を鑑みながら独自な解釈をなしたのである。コミュニティ分析モデルを示した奥田道大や鈴木広、都市化における問題解決の方向性を考察する倉沢進らがその代表的な研究者であり、彼らの理論は地域福祉にも影響を与えた。

(1) 奥田道大のコミュニティ分析モデル

奥田道大はコミュニティを地域共同体と対置してとらえ、次の2点を含意するものという解釈から出発する。

① 全体社会の都市化の流れに対して、積極的な意味あいをもつ概念である。
② 住民の意識や行動の準拠枠組となる、価値の次元に関わりをもつ基礎的な視角である。

そのうえで、コミュニティを「人間性回復の生活視点」の視角で提起するという期待概念で設定した。しかしそれは体制の側ではなく、住民の側から提起されるものであるため、人間性回復の生活視点が住民自身に内在化されて、相互に共有されること、つまり住民の主体化を主要な与件とした。

次に、コミュニティの普遍化を与件として重視した。コミュニティの普遍化とは、コミュニティに関わりあう住民の価値が、特殊主義的価値ではなくて普

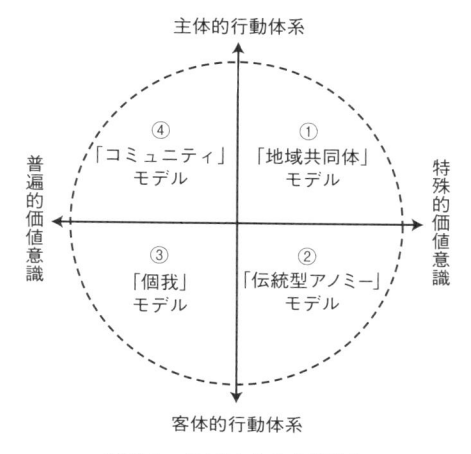

60　第Ⅱ部　福祉コミュニティ形成の方法論

```
                  主体的行動体系
                        ↑
              ┌ ─ ─ ─ ─ ┼ ─ ─ ─ ─ ┐
           ／      ④    │    ①     ＼
          ／  「コミュニ  │ 「地域共同体」＼
  普       ティ」       │   モデル        特
  遍      モデル        │                殊
  的 ←─────────┼─────────→ 的
  価                   │                価
  値        ③          │    ②            値
  意      「個我」      │「伝統型アノミー」意
  識      モデル        │   モデル       識
           ＼           │              ／
              └ ─ ─ ─ ─ ┼ ─ ─ ─ ─ ┘
                        ↓
                  客体的行動体系
```

図3-1　地域社会の分析枠組

出典）奥田道大『都市コミュニティの理論』東京大学出版会、1983年、28頁。

遍主義的価値に支えられることを意味する。特定のコミュニティが他のコミュニティと交流して、連帯し得るような普遍的な広がりをもつ点に、コミュニティの現代的意義を認めたのである。

　以上のような主体化と普遍化の2つの与件を設定したのが、奥田モデルと通称される地域社会の分析枠組である（図3-1）。これは、住民の行動体系における主体化－客体化の軸と、住民の意識体系における普遍化－特殊化の軸を交差させて、〈地域共同体〉〈伝統型アノミー〉〈個我〉〈コミュニティ〉の4つの象限からなる住民意識モデルを図式化したものである[23]。

　この奥田モデルは、状況に適合するようにモデルを客体化したまま完結させないで、主体化という価値指向を位置づけたこと。そして生活者の自治型組織・生活価値の社会化・住民主体意識・有限責任型リーダーが存在する〈コミュニティ〉モデルを、他の地域社会の状況に対する相対的な理想型として示したことで、自治体のコミュニティ政策の指標となりえた。その一方で、〈地域共同体〉→〈伝統型アノミー〉→〈個我〉→〈コミュニティ〉の発展は、必ずしも歴史的過程にはならないとの批判も受け、時代ごとのコミュニティ形成の原動力が何かを問われている[24]。

（2）鈴木広のコミュニティ意識分析

　鈴木広は、奥田モデルを批判的に再構成しようと「コミュニティ意識」の研究に取り組んだ。コミュニティ意識とは、一定地域に居住する生活群が、当該地域における社会生活状態の共同性についてもつ意識の変容・再編の諸相としている[25]。

　そしてコミュニティ形成の契機となる共同性を意識の次元でとらえるために、鈴木は自己利害と他者利害との整合・信頼を意味する〈相互主義〉と、これに対立する他者の利害との不整合・対立を容認して貫徹される〈利己主義〉を位置づけた。一方、コミュニティの地域性については閉鎖性の程度の問題であるとし、〈地域的特殊主義〉と〈地域的開放主義〉に二極化した。

　そのうえで鈴木は、日本人にとって最も無理がなく有効かつ円滑なコミュニティ意識の原型が、相互主義と地域的特殊主義の組み合わせ、いわゆる「地域的相互主義」（原型Ⅰ）によって表されるとした。この原型から共同性と地域性の2つの軸を組み合わせて、「Ⅱ　地域的利己主義」、「Ⅲ　開放的利己主義」、「Ⅳ　開放的相互主義」、の3つの類型を設定する。そして基軸となるコミュニティ意識の原型Ⅰが、都市化と産業化を独立変数として、他のⅡ・Ⅲ・Ⅳの類型へと変容していく意味を分析した。これらの要約は次の通りである。

① 〈原型Ⅰ→類型Ⅱ〉の変容
　　過疎化による共同性の崩壊。開発や誘致などにおける、住民の地域的利己主義的な決定。
② 〈原型Ⅰ→類型Ⅲ〉の変容
　　都市化と産業化の最も一般的な効果。消極的な開放性と強いられた利己主義の形成。
③ 〈原型Ⅰ→類型Ⅳ〉の変容
　　「市民意識」と呼ばれてきた形への変化。

　しかしⅣ類型である開放的相互主義は、ユートピア的・たてまえ的にのみ機能するモデル（規範）としている。コミュニティ的な理念について鈴木は、「資

本主義的生産諸関係の物質的要請に適応した利己主義を、それに逆行して相互主義へと価値変革することは、甚だしく抵抗の大きい困難な方向であり、一時的・有限責任的ないし部分的には現実化しうるとしても、それが抵抗を排して一般化していくためには多くの前提要件が充足されねばならず、その無理な条件を上まわる大きな質量の無理が、自己中心主義の維持に対して課せられる事態が一般化しない限り、到底これを想定することはでき」ないとみる[26]。こうした状況判断が、奥田モデルとは異なる点になっている。

(3) 倉沢進の都市的生活様式論

倉沢進は、ワースのアーバニズム論を適用したコミュニティ形成により、都市化がもたらした負の側面を克服しようとする。そこでは、都市の生活様式や社会関係（＝共同性）の新しいあり方を求めて、「専門処理システム」と村落社会の「相互扶助システム」の融合に目標を置く。この村落と都市における生活様式の基本的特性の違いについて、倉沢は次の2点を指摘する。

① 個人的自給自足性における村落の高さと都市の低さ。
② 共通・共同問題における対応の違い。非専門家ないし住民による相互扶助的な共同処理（村落）と、専門家・専門機関による専門的な処理（都市）。

そのうえで共同問題の共同処理システムを取り上げ、これについては目的とする問題処理の質の高さ・効率性、さらに関心・好み・価値観などの個人の選択性において、相互扶助システムよりも専門処理システムの方が、一般的に優位であるとした。その方が個々の能力を活用させ、社会的な生産性も高めるからである。けれどもすべての点で、専門処理システムが相互扶助システムに勝るとは限らないとも判断した。相互扶助システムは非効率であっても、情報交換とそれに伴う人間関係の強化という潜在機能を複合的にもつ点で優れるためである。

都市的生活様式の集積とともに人間関係が希薄化し、共同問題の共同処理システムは、いくつかの潜在的機能の欠如に伴う問題を露呈している。都市化の傾向は不可逆的であるため、全体としての専門処理システムに、相互扶助を部

分的に組み込んだ新しいシステムの創造を倉沢は主張する。これは都市社会でも専門家より住民の方が効率良く処理できる生活課題があるとし、問題処理をめぐる共同活動の延長線上に、地域社会の豊かな人間関係の構築をめざす考えである。

　結論として倉沢は、新しいコミュニティの形成では、幸福な生活の実現のために住民が自発的に参加して自律的に運営し、相互の連帯と協力によって地域社会の共通問題の解決にあたるような共同生活のあり方を目標にすべきであるとした[27]。

第4節　コミュニティ概念の分類とコミュニティに与える価値

1. 個人とコミュニティの関係

　1965（昭和40）年に地域社会研究所は、日本研究の社会学者ドーア（Dore, R.P.）を招き、「日本の社会とイギリスの社会とについて」のテーマで対談を催している。そこでドーアは、日本の社会の伝統的な型の特徴として、まず個人があり、その個人が集まって家族をつくり、家族単位がいっしょになってコミュニティを結ぶ。けれどもコミュニティから考えれば、個人が直接コミュニティに結びつかず、ただ家族の一員としてしかコミュニティに参加しないと述べている。

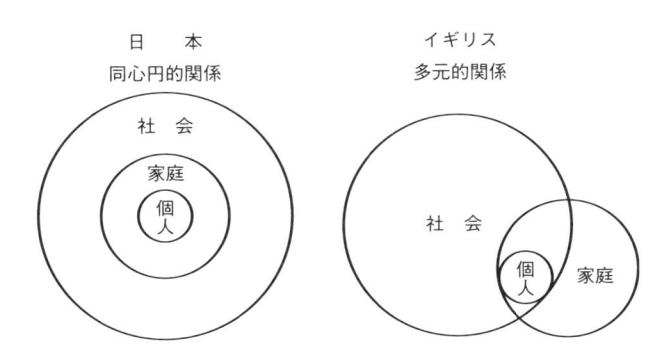

図3-2　同心円的関係と多元的関係
出典）『コミュニティ40』地域社会研究所、1975年、104頁。

これに対してイギリスでは、個人が家族の一員であるとともに、個人としてコミュニティの一員となる。それと同時に、地域社会の基礎集団や会社などの機能集団に属すると述べた。この指摘を受けた青井和夫は、両国の個人とコミュニティの関係の差違を、

① 個人が家族に埋没し、家族が地域社会に埋没し、地域社会が国民社会へと埋没する、同心円的な関係を築く日本
② 個人の生き方が主体的で、さまざまな集団と多元的な関係を保つイギリス

と把握した（図3-2）。けれども1960年代前半の時点で、都市の変化を感じ取っていたドーアは、それはあくまで伝統的な日本社会に該当するものと強調している[28]。

2. コミュニティ概念の分類

鈴木広は、内外のコミュニティ研究をふまえて、コミュニティの理想と実態を4つに分類した座標軸を設定し、コミュニティ概念を分類する基準を示している。

W：包括的機能を果たす地域社会として、現実に存在している（た）集団をコミュニティとする概念。
X：現実に存在している（た）限定された一部分をコミュニティとする概念。
Y：社会のある限られた部分について、理想的と考えられるあり方をコミュニティとする概念。
Z：包括的機能を果たす地域社会として、いかなるものが理想的であるかあるべき社会をコミュニティとする概念。

図3-3の座標軸について鈴木は、次のような説明をしている。

① Y・Zは理想を示して追求や実践をする目標となるような、計画的・意

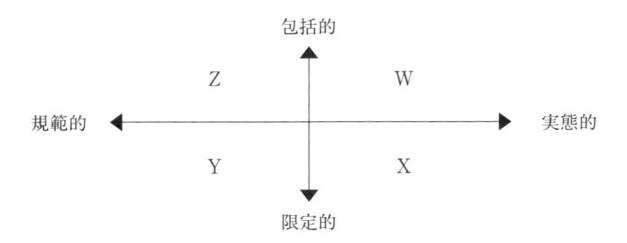

```
            包括的
             ↑
      Z      │      W
             │
規範的 ←─────┼─────→ 実態的
             │
      Y      │      X
             │
             ↓
            限定的
```

図3-3　コミュニティ概念の分類
出典）鈴木広『都市化の研究』恒星社厚生閣、1986年、139頁。

図的なコミュニティ概念である。
② W・Xはありのままの現実であり、見る者の理想や理念とは関わりなく、考察する眼に映るコミュニティ概念である。
③ W・ZとX・Yとの関係は、「全体と部分」「体系と要素」の関係である。

　そのうえでコミュニティは、実態と理念としての２つの価値をもち、限定的諸部分の何らかの相互関連を内容とする全体であること。したがってその全体の統合の程度、また地域の範囲の広さと明確さの程度は相対的であり、一義的に定義する必要はないと結論づけている[29]。この鈴木による基準は、ドーアが指摘した重層構造をなす複数のコミュニティに個人が複合的に所属する個人とコミュニティの関係の見方とともに、コミュニティの対象化の基本的な視点となる。

3. 福祉コミュニティ形成の価値命題

　以上の整理は、膨大な内外のコミュニティ研究の蓄積に対して、ほんのごく一部を跡づけたにすぎない。ともあれこれだけでも、コミュニティを対象化する理論としては十二分にある。そこでこれらの理論を福祉コミュニティ形成におけるコミュニティの対象化で生かすために、次のような福祉コミュニティ形成の価値命題を設定したい。

　　「福祉コミュニティ形成の成果に、一般のコミュニティに与える価値があればあるほど、そのコミュニティの構成員はさらなる福祉コミュニティの発展のために、より積極的な支

持や協力を行う。」

　現時点では、福祉コミュニティの概念を取り上げていないので、この命題構成の検証はできない。しかしこれまでみてきたコミュニティ概念とコミュニティ研究の知見から、この価値命題が真となるための要件の仮説を立てることができる。つまり、福祉コミュニティ形成という有意の行為の結果を、コミュニティへも有益な価値をもたらすように図る要件である（表3-1）。

表3-1　コミュニティに有益な価値をもたらすための福祉コミュニティ形成の要件

要件1．コミュニティの基本的特性をとらえる。
　コミュニティ概念の基本的特性である〈地域性〉〈共同性〉〈共通の絆〉は、住民の福祉活動の展開を考えるうえで重要であり、その特性をとらえることは、福祉コミュニティ形成の必須の要件となる。特に都市化の現状を意識すると、〈共通の絆〉の把握は大切な課題となる。

要件2．新旧のコミュニティを区分する。
　福祉コミュニティの形成では、新しく構造化されたコミュニティを基盤にするのか、あるいは歴史をもった既存のコミュニティを活性化させるのか、それとも双方を連関したものとして対象とするのかが前提として問われる。これは福祉コミュニティで達成すべき目標とも関係する。

要件3．コミュニティにある専門的機能と相互扶助の機能を活用する。
　地域福祉の問題解決には、それに応じた専門的機能が求められる。専門的機能はアソシエーションに属するものであるが、それは公的機関によるものばかりでなく、民間組織や住民活動が構築したものも含む。それとともにコミュニティにある新旧の相互扶助の機能を活用することを要件とする。

要件4．個人とコミュニティの多元的な関係をとらえる。
　人間生態学の影響は、都市政策の分野でもソーシャル・ミックスの考え方に反映されている。そこでは、特定の空間や近隣に焦点を置く一元的なコミュニティよりも、多様な個性がある集団が共存・共生するコミュニティのあり方を基本としている。地域福祉においても、近年では住民参加が多様化してきている。そこで、個人がコミュニティと多元的な関係がある現状を認識することが要件となる。

要件5．下位概念から上位概念までのコミュニティを想定する。
　福祉コミュニティの形成では、限定的なコミュニティを対象とするのか、包括的機能を果たすコミュニティとして形成するのか、の目標の段階差がある。それを別個の課題としてではなく、実態として対象化した下位概念的なコミュニティにおける問題解決から始まり、上位概念的なコミュニティの理念の実現へと至る一連の過程として設定することを要件とする。

福祉コミュニティ形成のあるべき完成度は、コミュニティの視点をもった評価をすることで、本質的に見極められるとの仮説が立てられる。そこで第9章で再びこれら5つの要件を取り上げ、この仮説を裏づけるための「コミュニティ評価のモニタリング」という基準を設定する。

【注】
1) 古川孝順『社会福祉学序説』有斐閣、1994年、63頁。
2) 前田大作「コミュニティ・ケアの理念と内容」『住民福祉の復権とコミュニティ』鉄道弘済会、1974年、78〜79頁。
3) 中央社会福祉審議会地域福祉専門分科会『ボランティア活動の中長期的な振興方策について〔意見具申〕』(1993年)の「第2 ボランティア振興の今日的意義」を参照。
4) ただし、国民生活に関する世論調査が、「今後の生活についての意識」の調査項目において、「物質的な豊かさ」と「心の豊かさ」の比較を尋ねる質問を設定したのは、44回目の平成11年度調査までである。45回目の平成13年度調査からは、この設問は外されている。内閣府ホームページ(2002年)「政府広報」世論調査を参照。
5) 2001年8月に全社協が示した『第二次ボランティア・市民活動推進5ヵ年プラン』は、1993年の『7ヵ年プラン』を継承するものであるが、そこでは「国民の過半数が自発的に福祉活動に参加する参加型社会の実現」の目標は見られない。代わりに「市民参画型の福祉社会の創造」を、それと同様の意味をもつ長期的目標として掲げている。
6) NHK放送文化研究所編『現代日本人の意識構造』日本放送出版協会、2000年、153〜158頁。
7) 松原治郎『コミュニティの社会学』東京大学出版会、1978年、5〜6頁。
8) 倉沢進『コミュニティ論』放送大学教育振興会、1998年、25頁。
9) 小笠原眞『理論社会学への誘い』有斐閣、1993年、75〜76頁。
10) R. M. マッキーヴァー(中久郎・松本通晴訳)『コミュニティ』ミネルヴァ書房、1975年、46頁。
11) マッキーヴァー、同前、56〜57頁。
12) マッキーヴァー、同前、46頁。
13) マッキーヴァー、同前、113〜122頁。
14) 松原治郎『コミュニティの社会学』(前掲注7)7〜9頁。
15) 小笠原眞『理論社会学への誘い』(前掲注9)82〜85頁。
16) 前期シカゴ学派の業績については、高橋勇悦「古典生態学の都市理論」鈴木広・倉沢進・秋元律郎編『都市化の社会学理論』(ミネルヴァ書房、1987年)111〜131頁を中心に参照した。
17) 高橋勇悦『都市社会論の展開』学文社、1993年、146〜151頁。

18) 倉田和四生「コミュニティ研究とシステム論」『都市化の社会学理論』（前掲注16）277～283頁。
19) 山本和郎「コミュニティ再生に向けての『コミュニティ』概念の検討」安藤延男編『現代のエスプリ269——コミュニティの再生』至文堂、1989年、26頁。
20) 富永健一『社会学講義』中央公論社、1995年、188～193頁。
21) 鈴木栄太郎の業績については、鈴木広『都市化の研究』（恒星社厚生閣、1986年）10頁も参照した。
22) 磯村英一の業績については、奥田道大『都市と地域の文脈を求めて』（有信堂、1993年）66頁も参照した。
23) 奥田道大『都市コミュニティの理論』東京大学出版会、1983年、24～31頁。
24) 奥田は当初、その原動力を住民運動が高次化し、コミュニティへと価値志向する動きのなかに求めていた。奥田道大「都市住民運動の展開とコミュニティ理念」国民生活センター編『現代日本のコミュニティ』川島書店、1975年、59～64頁。しかし1980年代以降は、戦後モデルから離脱した「新しい社会運動」が焦点になるという見解を打ち出している。奥田道大『都市と地域の文脈を求めて』（前掲注22）169頁。
25) 鈴木広編『コミュニティ・モラールと社会移動の研究』アカデミア出版会、1978年、10頁。
26) 鈴木広「都市化とコミュニティ変動」鈴木広・高橋勇悦・篠原隆弘編『リーディングス日本の社会学7——都市』東京大学出版会、1985年、229～231頁。
27) 倉沢進『コミュニティ論』（前掲注8）38～47頁。
28) 『コミュニティ40　コミュニティ——10年』地域社会研究所、1975年、95～106頁。
29) 鈴木広『都市化の研究』（前掲注21）138～139頁。

第4章
福祉コミュニティ概念の類型化

◆◆◆

第1節　岡村重夫の福祉コミュニティ概念

1．福祉コミュニティ概念の構造

　福祉コミュニティの概念は、岡村重夫が『地域福祉論』（1974年）にて定義したのが嚆矢となる。岡村による地域福祉論は、機能的概念の主体論的アプローチに位置づけられ、理論の型式としては実存的な問題を動機とする一般理論の認識目的の範疇にあった。そして地域福祉の構成要素として岡村は、①コミュニティ・ケア、②一般的地域組織化と福祉組織化、③予防的社会福祉、をあげ、これらの要素と地域福祉活動の対象者ごとの分野を組み合わせることで、地域福祉の全分野が展望できるとした。

　福祉コミュニティの概念は、このなかの組織化活動の核となる。まず岡村には、地域福祉は福祉ニードの発見とそれに対する協同的解決を単純に奨励するだけでよいのか、地域社会構造そのものに働きかける福祉活動は不要なのか、という疑問が前提にあった。けれども「しばしば機能的社会や近隣社会から疎外され、仲間はずれにされやすい特定少数者を対等の隣人として受容し、支持す

る」うえで、地域福祉においてもコミュニティの創造には意味があると岡村は考えた。

このため地域福祉概念の構成要素に、それにとって望ましい地域社会構造や、社会関係を作り出す地域組織化活動を展開する基盤となるコミュニティ型地域社会の形成を目的とした一般的地域組織化を位置づけた。ここでは奥田道大の「奥田モデル」が踏襲され、ムラ的・伝統的地域社会共同体、アノミー型地域社会、市民化社会型地域社会を止揚し、地域主体的態度や普遍的人権意識を共有するコミュニティの創造を目指している。

しかし一般的地域組織化だけでは、日常生活に困難をもつ人々の生活上の要求が充足されないとし、こうした人々の利益に同調して代弁する個人や機関・団体が、共通の福祉関心をもって関与する特別なコミュニティ集団を福祉コミュニティと定義して、この形成を目的とする福祉組織化を岡村は理論化した。そこでは、福祉コミュニティが機能的コミュニティにはならないとも断っている。機能的コミュニティは地理的コミュニティに対置する概念であり、社会福祉の領域では「社会福祉施設協議会」が該当する。けれども福祉コミュニティは、次のような順位で組織構成がされるべきだと主張する。

① サービス受給者ないしは対象者
② 生活困難の当事者と同じ立場にたつ同調者や利害を代弁する代弁者
③ 生活困難者に対して、各種のサービスを提供する機関・団体・施設

福祉コミュニティの中核となる①は、人権意識と生活主体者としての自覚をもって、地域コミュニティの構成員にもなる。このために福祉コミュニティは、機能的コミュニティとは区別されるものと岡村は論じた。

一般的地域組織化が目的とする地域コミュニティと、福祉組織化が目的とする福祉コミュニティは、後者が前者の下位コミュニティとして位置するが、両者の間には密接な協力関係があるべきとする。また地域コミュニティが成立している場合と、未成立の状況では、福祉コミュニティづくりの方法や運営の手続きは異なるとも述べている。このように両者のコミュニティ形成は別の手法として

あるが、それらをともに形成しつつ相互作用もさせることを岡村は意図した。

　さらに岡村は、福祉コミュニティが、①対象者参加、②情報活動、③地域福祉計画の立案、④コミュニケーション、⑤社会福祉サービスの新設・運営、以上の5つの機能を果たすことで具体化されると論及している。

　①の対象者参加とは、社会福祉政策に対する住民参加や対象者参加である。これにより社会福祉サービスの計画や運営の方針が、少数の権力エリートや一部の官僚によって決定されるのを避ける一方、住民や福祉サービス対象者の意図を反映させることを促している。

　②の情報活動とは、社会福祉サービス対象者の生活実態、特にその人々の生活要求、現行の社会福祉サービスの欠陥、予想される地域社会の福祉問題に関する情報収集と整理、およびそれらの情報の提供である。

　③の地域福祉計画の立案では、福祉コミュニティの中核的な構成員となる、社会福祉サービスの受給者・利用者である地域住民の価値選択に基づいて、その権利と利益を守り進展させる福祉計画の立案を要件としている。

　④のコミュニケーションとは、コミュニティ内外にわたるコミュニケーションである。福祉コミュニティは、社会福祉サービスの現実的可能な受給者および各種団体等によって構成され、多様な要求や利害関係をもつ多数の集団と個人を内包する。このため共通の価値意識や相互理解を発展させていくコミュニケーション活動が要件となる。

　⑤の社会福祉サービスの新設・運営では、福祉コミュニティのもつ住民の生活要求についての資料と情報、さらに社会福祉サービスの計画を利用しながら、公共団体に新しい社会福祉施設やサービスを開始させることを課題としている[1]。

　後年になって岡村は、福祉コミュニティが「多元主義的社会」と等質なものであると論じている。多元主義的社会とは、「住民ひとり、ひとりは平等な主体的人間であるけれども、日常生活条件や思想心情においては、ひとり、ひとり個性をもち、個別的であり、しかもそれらの人々が、同じ地域社会において共同生活のできるように配慮する」[2] 社会であると規定している。

　これでも明らかなように、福祉コミュニティに対して岡村は、機能的な価値よりもコミュニティ的な価値を先んじて重視する姿勢を、終始一貫してもち続

けたのである。

2. 上位概念的な福祉コミュニティの構想

　岡村は、一般的な地域コミュニティがもつべき福祉的機能について、具体的に2点をあげる。1つ目は、援助対象者も他の住民と同じ権利主体者として、対等かつ平等に彼らを受容し、支持することによって、個人がもっているすべての社会関係を維持・発展させることである[3]。この主張は、地域社会から疎外された特定の少数者の存在を見据え、何の契機もなくしてコミュニティの自己成長はあり得ないという判断に基づく。これはゴッフマン（Goffman, E.）が「集団的なスティグマのある人々の居住区域に近接して生活している多数派の常人は、ごく手軽な仕方で偏見を維持しつづけるようにはかる」と指摘し、近隣の親近感は必ずしもスティグマを解消しないと論じたのに通底する[4]。

　2つ目は、コミュニティにおける住民間の自然発生的な相互援助が、意図的・目的的な社会サービスに対する、1つの下支えと承認を与える点をあげる。これは意図的・計画的なサービスそのものとはならないが、補完して有効なものにするため不可欠な機能であるとみる。そういう下支えがなくて、公私の福祉サービスだけがある状態は、本来のコミュニティケアではないと岡村は論じている[5]。

　以上の岡村による福祉コミュニティ概念の特徴は、次の3つにまとめられよう。

① コミュニティを対象化して、人間関係の問題点の解決を目標とする。
② 具体的な要援護者支援を目的として、対象化したコミュニティに関係する位置へ福祉コミュニティの形成を図る。
③ コミュニティ内にあるアソシエーションを活用して福祉コミュニティの機能としつつも、コミュニティの構成員の主体性を重視する。

　上位概念的なコミュニティの本質を織り交ぜているために、この概念は高い理念をもった構成となっている。それゆえに今日でも福祉コミュニティ概念の基本型としての価値を有し、以後に示された福祉コミュニティ概念に指針を与え続けている。

しかしそうした上位概念的な構想が、非現実的だという批判もある。たとえば全社協の和田敏明は、「コミュニティづくりは、社会福祉の展開に好ましい条件をつくることは明らかであるが、一般地域社会の望ましいあり方であり、福祉問題が一般コミュニティから欠落しがちである」[6]と述べる。同様に佐藤守も「岡村の理論においては地域コミュニティの形成が前提となっているため、その活動の結果をまって福祉組織化活動をはじめるというのでは遅すぎる」[7]と批判する。このような主張においては、次に述べる「ニーズの全体性」を重視した福祉コミュニティ概念を論拠としている。

第2節 〈分節化〉の福祉コミュニティ論

岡村が示して以降、福祉コミュニティはただちに地域福祉論の主要テーマとなり、幾人かの福祉研究者が岡村による概念を基本型としつつ、より実体的なものにしようと取り組んだ。新たに示された福祉コミュニティ概念では、岡村の概念の影響を受けながらも、特定の理論的な意図が含まれている。そのために各々の概念の特徴をとらえた類型化が可能となる。

1. 三浦文夫の福祉コミュニティ概念

三浦文夫による地域福祉の考え方は、機能的概念の資源論的アプローチに位置づけられ、理論の型式としては実存的な問題を動機とする一般理論の認識目的の範疇にあった。岡村との認識目的の差違は、個人がより良き生活を志向する前向きさを地域福祉の本質とみるのではなく、全体における1つの対象としている。こうした点を再確認して、三浦による福祉コミュニティ概念の特性をとらえる。

まず三浦は、高度経済成長期における変貌のなかで、「地域での住民相互の連帯性の崩壊、あるいは相互援助機能の脆弱化ないし喪失」を強調する。けれども従来の伝統的コミュニティを再建するよりも、新しい視点に立ってコミュニティ形成を図るべきであるとし、この方向性における地域福祉論の適用を考えた[8]。

三浦の地域福祉論の中核をなすのが、「ニーズの全体性」を重視する地域福祉の原動力となった、非貨幣的ニードの概念である。非貨幣的ニードとは「そのニードを貨幣的に測ることが困難であり、その充足に当たって金銭（現金）給付では十分に効果をもちえず、非現金的対応を必要とするもの」[9]とされている。三浦は、こうした非貨幣的ニードへの対応こそが地域福祉の主要課題になったとして、対人福祉サービスを居宅処遇原則に基づいて再編することを主張した。

さらに三浦は、図4-1のように福祉供給組織の理念型を分類して、供給組織の多元化に対する視点を確定し、非貨幣的ニードを含むニーズの多様化への対処を図った。

```
Ⅰ　公共的福祉供給システム ─┬─ 1．行政型供給組織
                            └─ 2．認可型供給組織
Ⅱ　非公共的福祉供給システム ─┬─ 3．市場型供給組織
                              └─ 4．参加型（自発型）供給組織
```

図4-1　福祉供給組織の理念型
出典）三浦文夫『社会福祉政策研究』全社協、1985年、117頁。

この福祉供給組織の理念型をふまえて、三浦は福祉コミュニティを「地域において要援護者に対する適切な施設やサービスの整備をはかると同時に、地域住民の社会福祉への参加・協力を最大限に高め、要援護者が社会の一員として、当該地域に統合されているコミュニティを意味する」[10]と規定した。

さらに福祉コミュニティを具体化するために、一般コミュニティに対する部分的コミュニティと位置づけた。そのうえで「要援護者を地域にとどめ、居宅で生活が継続できる体制、すなわち一定の地域に在宅福祉サービスの施設のネットワークが作られ、このサービスの推進にかかわりを持つ、行政・民間・住民の協働が成立する体制がつくられること」を福祉コミュニティ形成の必要条件とした。

これは機能的コミュニティとしての福祉コミュニティ形成を意味する。そのうえで在宅福祉サービスの推進の目的に対して、コミュニティに新しい共同性が求められるとし、要援護者を取り囲む地域住民に望ましい福祉意識が形成され

ることを、福祉コミュニティ形成の十分条件としたのである[11]。

2. 全社協の福祉コミュニティ概念

社協活動の歴史に転換点を与えたとされる全社協『在宅福祉サービスの戦略』(1979年)には、「在宅福祉サービスと福祉コミュニティ」の節がある。そこでは、伝統的なコミュニティは変質と崩壊が進んでいるとし、またコミュニティの再建は従来の地域共同体をノスタルジックに求めるのは不可能であり、次の2つの側面を注目した新しい意味をもつコミュニティの追求が必要であるとしている[12]。

① 住民のニーズ充足に着目し、このニーズの充足に必要な住民の共同行動と、その結果として表われる施設の機関・サービスのネットワークを新たに作り出すこと。そしてこれらの施設・サービスの利用あるいは適用範域（利用圏）を機能的コミュニティとみること。
② 「コミュニティ意識」の形成を意図的に行うこと。

福祉コミュニティについては、「在宅福祉サービスの効果的な展開のために、必要なニーズの充足に必要な社会福祉の施設やサービスが用意され、それに加えて、これらの在宅福祉サービスを地域住民が受け入れ、なんらかの形でこれらのサービスを支持・協力・参加する態勢」[13]を条件として整えたものと規定している。

上記で明らかなように、全社協の福祉コミュニティの考え方は、三浦による概念を踏襲している。そこから進展させて1990年代になると、福祉コミュニティのあり方を全社協は、次のように部分的な福祉実践の集積によるコミュニティの再編と整理した。

> 「地域福祉や在宅福祉サービスの推進という目的と関心にもとづいてつくられるネットワーク・共同関係を福祉コミュニティと呼び、福祉コミュニティというのは包括的なものではなく、いくつもの福祉コミュニティが時には重なりあいながら形成され、これを通して、地域社会の福祉的な再編成を図るというのが、福祉コミュニティの考え方である。」[14]

三浦や全社協による福祉コミュニティ概念は、一般コミュニティに対する部分コミュニティとして限定的に構成しつつも、そこでの住民の活動には、コミュニティの規範となるあり方を期待する。全体としては機能的コミュニティが基調となり、非貨幣的な福祉ニーズに対処するために、公共的な福祉供給システムにはなじみにくいサービス供給機能を、住民の新しい共同性による支援活動が期待できるコミュニティに分拠して、それらを公私のネットワークによって重層化するのを意図している。そこでこうした概念を〈分節化〉の福祉コミュニティ論として類型化する。

　ここでの分節化の意味は、地域福祉における機能的コミュニティを追求して、一般コミュニティのなかでの位置を占めると同時に、ネットワークや住民参加の拠点を多元化する企図を表している。

第3節　〈連接化〉の福祉コミュニティ論

1.「あらたな公共」の規範

　岡村重夫の理論を継承する福祉研究者は、住民の主体形成を抜きにしての福祉コミュニティ形成が、公私の役割分担の見直しだけに終始してしまうのを危惧する。コミュニティの生活問題に対しては、行政主導型のネットワークによる解決ではなく、住民が主体性をもったボランタリーな行為を軸として対処することに意義を認める。また福祉サービスの供給においても、住民参加が活動面だけの一部にとどまらず、サービスの決定などの運営面までに至る参加のあり方を重視する。

　そうした論者の1人である右田紀久恵は、地域を外から操作対象化して施策化することを「地域の福祉」の考え方であると批判し、新たな質の地域社会を形成していく内発性を基本要件とする「地域福祉」とは違うものと主張した[15]。右田の地域福祉の考え方は、構造的概念の政策制度論的アプローチにあった。理論的には規範理論の認識目的をもち、規範や秩序の形成や存続のメカニズムを対象として、社会正義の正当性の根拠を合理的に説明しようとする。

この規範となるものを、右田は「あらたな公共」と表現している。あらたな公共とは、「地域における社会生活の一定の自治的な共同性と、そこにおける公共性を含んだ全体関係＝地域的な公共関係」16) である。地域福祉は、こうしたあらたな公共の概念に基づく公共的営為の一部を担うものと位置づけている。

　このあらたな公共は、難解な概念でもある。一般的に公共性（publicness）とは、民主的な政治経済秩序の形成に関わる原理であり、利己心に還元されない社会性を意味する。ではあらたな公共はいったい何をめざすのか。その意図を松下圭一の論説を参照することで把握してみたい。公共政策について松下は、次の3つの条件を満たす問題解決の手法と規定する。

① 個人では解決しえない「問題領域」で、
② 「資源の集中効果」があがるような制度解決ができ、
③ ミニマムの政策・制度整備として「市民合意」が得られる。

　さらに松下は公共政策の主体を、地域規模から地球規模に広がる多様な、①市民活動、②団体・企業、③自治体、④国、⑤国際機構、それに政治媒体としての政党が加わって、多元・重層化されるものと論じている17)。

　これまで公共性は、主として行政的公共性が論点となっていた。しかし松下の指摘のように今日、公共性を支える主体が多元化し、民間の側からの多元的な価値観をもつ公共的主体が注目されている。こうした公共的主体の力の結集を、右田は地域福祉の活動というミニマムの主体から出発しようとする。そして現代の疎外に抗しつつ主体的にその本来的な生活を営もうとする生存主体が、地域福祉の実践のなかで人間的＝社会的存在として自己形成することに意義があると右田はみている。

　これが地域レベルで内発的に発展し、より広域の地域社会において集積して総体化・組織化される。さらに地域社会そのものの主体力となって自治を構成し、参加民主主義を具現化させることで、あらたな公共の構築ができると右田は提唱するのである18)。

2. 自治型地域福祉と福祉コミュニティ

　以上の意図をもって、右田は自身による地域福祉論を「自治型地域福祉」として発展させた。この理論の要点は、次のように整理できる。

① 「地域」は生活レベルでの社会システムを内包するとともに、自治の原点でもある。
② 上記の生活レベルにおいて地域福祉は、参加を通して住民の主体力を形成し、新たな共同社会の創造へと導く。
③ こうした地域福祉の理念を理解し、福祉課題に対して住民が主体的な取り組み（＝地域福祉の内実化）をし、それが住民自治にも連動する。

　右田自身は、独自な福祉コミュニティ概念を構想していない。けれども地域福祉が住民自治に向かって高次化するプロセス・ゴールとして、福祉コミュニティのあり方にも言及している。つまり福祉行政の限界や補完に地域福祉を位置づけたり、住民参加をサービス供給に直結させることに反対する立場から、福祉コミュニティを機能的コミュニティと位置づけるのには異議を唱えている。そうではなく地域福祉は、自律的個人＝主体の存立を前提とすべきであり、この社会性を組織するかたちで福祉コミュニティが構築されるべきであると主張する[19]。

　右田の福祉コミュニティに対する考え方は、個人主体を基礎としながらも、コミュニティとしては包括的な機能を果たす理想を追求する。それは自治という価値原理・行動原理を規範にして、住民が主体的な地域福祉活動を営むことにより、その力量を向上させるあり方である。たとえこの活動がコミュニティの行政機関などのアソシエーションと連接しても、対等に協働する関係は堅持される。

　以上のような、あらたな公共性の基盤となる福祉コミュニティの考え方を〈連接化〉の福祉コミュニティ論と類型化する。それを換言すれば、地域福祉活動を出発点として、地域の内発的発展や市民社会としての成熟を目標とする福祉コミュニティを形成し、最終的には参加民主主義へ向かって高次化していく、そういう軌跡を描く概念である。

第4節 〈基礎化〉の福祉コミュニティ論

　類型化した福祉コミュニティの〈分節化〉論と〈連接化〉論は、コミュニティの共同性にはふれていたが、住民の共同生活を成立させる基礎条件である地域性はほとんど捨象していた。確かに〈分節化〉論では、在宅福祉サービスの利用圏という地域性をとらえている。しかしそれはニード充足のために、資源の調達と配分の効率性によって規定したサービス供給主体側からの設定であり、住民の生活基盤に依って立つものではない。

　また〈連接化〉論が論拠とした公共性の原理も、時代により変動する政治的・経済的・社会的な各要因と、住民の価値観との関連で確立するものであり、何らかの基準に基づく確定した地域性と結びついてはいない。

1．小学校区重視の福祉コミュニティ

　これらの理論にあるコミュニティの地域性のあいまいさを補うために、一定の範域を設定して、福祉コミュニティ形成の対象を明確にする論理がある。牧里毎治は、福祉コミュニティを「一般的に用いるコミュニティに対して、地域社会を基盤としつつ、ハンディキャップをもつ階層の福祉追求を原点にサービス・施設の体系的整備とともに公私協働、地域住民の福祉意識・態度の醸成を図ろうとする機能的コミュニティのひとつである」と定義し、その特性として次の3点をあげている[20]。

① 基本的性格として、いわゆる地理的に規定されてくる一定の地域社会（多くの場合、市町村行政区）の内部に存在する「機能的コミュニティ」という特徴をもつ。
② 単に地域社会における最大多数の最小福祉を求める従来型の地域福祉組織ではなく、生活上の不利益、生活困難をもっとも受けやすい、福祉サービスの顕在的・潜在的利用者（当事者）を中心に据えた組織体である。
③ 社会福祉サービスの充実・開発にかかわって、顕在的・潜在的利用者（当事者）の真のニーズを明らかにし充足することをねらいとする。

福祉コミュニティの対象として牧里は、小学校区を重視する。この理由として、小学校区というスモール・コミュニティが、地域活動に直接参加できるサイズであり、最初に住民自治や民主主義を学ぶにも適格である点をあげる。この小学校区に地区社協を組織することが、福祉コミュニティの形成として有効であると主張する。

　その一方で牧里は、町内会・自治会が福祉的役割を地区社協と共有している現実も認識している。けれども地区社協の方が「地域社会における福祉問題解決の包括性をもつ最小にして最大の住民組織」として、町内会・自治会よりも優位性があると判断している[21]。

2. 町内会・自治会重視の福祉コミュニティ

　杉岡直人は、地区社協の多くが町内会・自治会を核とした組織づくりをしている点を重視する。さらに町内会・自治会における行政への要望団体としての役割が低下するに従って、新たに福祉部を設置したり福祉委員を配置するといった、地域福祉を活動課題としつつある変化がみられると指摘する。こうした状況を踏まえて杉岡は、プライバシー保護などの乗り越えるべき問題があっても、これからの町内会・自治会は機能的コミュニティとして、福祉コミュニティ形成に寄与する可能性が高いと論じている[22]。

　町内会・自治会がもつ機能の展開については、中田実の地域共同管理論もよく知られている。地域共同管理とは「地域の共同生活諸条件に対する住民としての関与（参加）の意志の表明であり、その意志の統合とつきあわせ、その結果にもとづくこれら諸条件のよりよい状態（より高度な真の共同利用を可能とするような）での維持、改善、統制である」[23]としている。

　このうえで地域共同管理論は、「地域社会の対象認識の理論であるだけでなく、そこに具現する自治機能の政策的、運動的発展を総括的に表現する概念」であるとする。地域共同管理の主体は地域社会であり、その中心は町内会・自治会などの住民組織が担いながらも、多様な主体が重層的に関与していること。さらに地域共同管理は、住民と住民組織、住民組織と自治体（行政）という、地域社会をめぐる諸主体の確立と相互協力によって成立すると論じている[24]。

以上のようなコミュニティの地域性とそこにある組織の能力を評価して、福祉コミュニティが形成される対象や基盤を明確にする考え方を、〈基礎化〉の福祉コミュニティ論として類型化する。

第5節　福祉コミュニティの機能と概念の分析

1．福祉コミュニティの機能と機能的コミュニティ

　福祉コミュニティ概念を類型化するなかで、1つの相違点が明白になってくる。それは福祉コミュニティの機能を重視するのと、機能的コミュニティとして福祉コミュニティを形成するのは、次元が異なるとみる点である。岡村の福祉コミュニティ概念では機能を重視する反面、機能的コミュニティとしての福祉コミュニティは論駁されている。同様に〈連接化〉論の右田も機能的コミュニティとしてのあり方を否定する。その一方で〈分節化〉論と〈基礎化〉論では、機能的コミュニティとしての福祉コミュニティを追究している。この相違点は、本質的には何を意味するのか。

　マートン（Merton, R.K.）は、機能を「一定の体系の調整ないし適応に貢献する客観的結果」を意味するものとし、このような意味の機能は、目標達成の活動とは区別されると述べている[25]。つまり機能とは、客観的結果からみて要求を満たすかどうかで判断される。しかし「機能的」という場合には、ある単位の要求を満たす場合に用いられる。それゆえ機能的コミュニティは、associational communityというのに等しくなり、ある共同目的に基づいて創られる確定した社会的統一体となるので、これはアソシエーションとほぼ同義となる。そう理解すると、この相違点の境界がみえてくる。

　福祉コミュニティ概念を究極的に論ずるうえでは、それが生活を支える基礎集団（＝コミュニティ）とするべきなのか、あるいはそこに生じた機能集団（＝アソシエーション）とするべきなのか、についての決着が求められよう。けれども実際の形成での場面に目を転じれば、福祉コミュニティのあり方は、上位概念的なコミュニティの特性を重視するのか、下位概念的な地域福祉の目標に寄

```
Bureaucracy      Association     Voluntary         Community      Regimentation
官僚制      ←    結社       ←   association  →   コミュニティ  →   体制化
                              自発的結社
                                  ↑
                              自発的行為
                              Voluntary action
```

図4-2　コミュニティとボランタリズム
出典）磯村英一編『コミュニティの理論と政策』東海大学出版会、1983年、100頁。

与する機能的コミュニティ、つまりアソシエーションとしての特性を重視するのか、という問題に帰結することが多い。その点に限っていえば、両者はバランスを取るべきだという結論に落ち着く。

青井和夫は、コミュニティとボランタリズムの論究において、これに関連した問題を取り上げている。つまり図4-2のように、アソシエーションがより功利主義的になると官僚制に陥る危険性があり、反対にコミュニティが個人の意見をないがしろにすると、体制に組み込まれる危険性があるのを示している。

アソシエーションとコミュニティは両極に位置しているが、その両極を原点に収斂するとボランタリー・アソシエーションに行き着く、と青井は指摘する。こうした観点から青井は、コミュニティの形成では施設や制度を整備する一方で、人間の内面の問題にも取り組む必要性を説いている[26]。

ここで問題を整理したい。福祉コミュニティの形成における機能の強化では、ニーズに対処するアソシエーションや社会資源の拡充も含まれる。その点から福祉コミュニティが、機能的コミュニティとして形成される側面は当然にある。しかしその一方で、「部分の総和以上」であるコミュニティの意義は、軽視されてはならない。個人の問題を取り上げない福祉コミュニティならば、別の主体が別の角度から福祉コミュニティを立ち上げるだろう。それゆえ客観的な機能の強化と主観的な個人の問題という、両面の課題をいかに均衡を保って取り組むかが、福祉コミュニティ形成の焦点となる。

2. 福祉コミュニティ概念の分析

　岡村重夫の福祉コミュニティ概念を基本型とし、それに続く研究者の福祉コ

ミュニティ概念を類型化してきた。これらの概念の特徴は、次のような要約ができる。

① 〈分節化〉論は、過疎・高齢化などで解体が進む一般コミュニティにおいて、在宅福祉の供給システムや住民の福祉活動、それらを下支えする公私のネットワークを含んだ、機能的コミュニティとしての福祉コミュニティを形成し、それにより一般コミュニティの再生も目指す垂直型思考の理論を構成する。
② 〈連接化〉論は、個々の住民が主体性をもって地域福祉活動に関わるなかで内発的に発展し、関連の諸システムと協働しつつ、あらたな公共性の基盤となる福祉コミュニティを形成していく。そして住民自治の理念を広げていくとともに、市民社会としての成熟を目指す水平型思考の理論を構成する。
③ 〈基礎化〉論は、近隣関係の延長線上にあるコミュニティを基礎単位とし、その範域を対象として要援護者の支援を行うための機能的な組織体としての福祉コミュニティを形成して、そこでの住民や住民組織の成長に従って、より地域で密着した福祉活動を目指す単位型思考の理論を構成する。

　岡村の概念も含めた4つの福祉コミュニティ概念を、既存のコミュニティ概念にとらわれずに、前章でみた鈴木広によるコミュニティ概念の分類の基準に当てはめたい。機能的コミュニティのあり方を追究する〈分節化〉論と〈基礎化〉論は、一般コミュニティのなかでの限定的な対象をとらえている。そして明らかに〈基礎化〉論は、〈分節化〉論より実態的であるといえよう。
　岡村の概念と〈連接化〉論は、方法は違っても個人の主体から出発して、次第に求める目標を高次化する理論であるといえ、コミュニティの概念から認識する限り、両者は同型と理解できる。したがってそれぞれの福祉コミュニティ概念は、図4-3のように分類することが可能である。
　こうして分類をすると、包括的機能を果たしながら、現実に存在するような福祉コミュニティの考え方を、未だ持ちあわせていないのが分かる。鈴木の分類

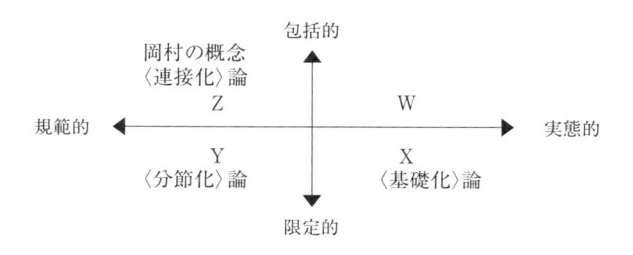

```
                    包括的
                      ↑
    岡村の概念        │
    〈連接化〉論      │
                  Z  │  W
規範的 ←───────────┼───────────→ 実態的
                  Y  │  X
              〈分節化〉論  〈基礎化〉論
                      │
                      ↓
                    限定的
```

図4-3　福祉コミュニティ概念の分類

では、Wの象限に位置する実例は、現在の町や村落共同体の全体が該当するとしていた[27]。もともと期待概念でかつ部分的コミュニティとして構想された福祉コミュニティの概念は、包括的機能をもった実態としてはありえないとも判断ができる。

けれども多次元的になった都市部において、脱地域的な「ゆるやかなコミュニティ」が表面化している今日、地域福祉の参加の潮流を新たな視角をもってみると、上記のWの象限に位置しながらも、町などとは違った意味あいで相当する現代的な福祉コミュニティの可能性が出てくる。それを次章でみていく。

【注】
1）岡村の福祉コミュニティ概念の全容については、岡村重夫『地域福祉論』（光生館、1974年）65～101頁を参照のこと。
2）岡村重夫「地域福祉の思想」『大阪市社会福祉研究』第16号、大阪市社協、1993年、7～9頁。
3）岡村重夫「社会福祉におけるコミュニティの在り方」社会保障研究所編『社会福祉の日本的展開』全社協、1978年、177頁。
4）E．ゴッフマン（石黒毅訳）『スティグマの社会学』せりか書房、1970年、90頁。
5）岡村重夫「社会福祉におけるコミュニティの在り方」（前掲注3）177頁。
6）和田敏明「地域福祉推進と社会福祉協議会」西尾勝編『21世紀の地方自治戦略10　コミュニティと住民活動』ぎょうせい、1993年、136～137頁。
7）佐藤守編『福祉コミュニティの研究』多賀出版、1996年、7頁。
8）三浦文夫「コミュニティと社会福祉」青井和夫監修／三浦文夫編『社会福祉の現代的課題――地域・高齢化・福祉』サイエンス社、1993年、35～39頁。
9）三浦文夫『社会福祉政策研究』全社協、1985年、127頁。

10) 三浦文夫「公私の役割と参加の展開」『社会福祉の日本的展開』（前掲注3）210〜211頁。
11) 三浦文夫「コミュニティと社会福祉」（前掲注8）54〜56頁。
12) 全社協編『在宅福祉サービスの戦略』全社協、1979年、102〜103頁。
13) 全社協、同前、113頁。
14) 全社協編『小地域福祉活動の手引』全社協、1992年、7頁。
15) 右田紀久恵「分権化と地域福祉」右田紀久恵編『自治型地域福祉の展開』法律文化社、1993年、14頁。
16) 右田、同前、12頁。
17) 松下圭一『政治・行政の考え方』岩波書店、1998年、176〜177頁。
18) 右田紀久恵「分権化と地域福祉」（前掲注15）14〜15頁。
19) 右田、同前、23〜24頁。
20) 牧里毎治「福祉コミュニティの形成と小学校区」鈴木広編『現代都市を解読する』ミネルヴァ書房、1992年、357〜358頁。
21) 牧里、同前、363頁。
22) 杉岡直人「地域福祉の基盤」牧里毎治・野口定久・河合克義編『これからの社会福祉⑥ 地域福祉』有斐閣、1995年、49〜54頁。
23) 中田実「コミュニティと地域の共同管理」倉沢進・秋元律郎編『町内会と地域集団』ミネルヴァ書房、1990年、203頁。
24) 中田実「地域共同管理の主体と対象」中田実・板倉達文・黒田由彦編『地域共同管理の現在』東信堂、1998年、20〜28頁。
25) R. K. マートン（森東吾・森好夫・金沢実訳）『社会理論と機能分析』青木書店、1969年、100〜149頁。
26) 青井和夫「コミュニティと都市の理論」磯村英一編『コミュニティの理論と政策』東海大学出版会、1983年、99〜101頁。
27) 鈴木広『都市化の研究』恒星社厚生閣、1986年、138頁。

第5章
福祉コミュニティ論の新たな視角

◆◆◆

第1節　コミュニティ概念の多元化

1. 都市社会学者による福祉コミュニティ概念

　福祉コミュニティには、社会福祉学だけでなく都市社会学の研究者からも関心が寄せられている。なかでも越智昇は、最も活発な論者の1人である。越智は、福祉コミュニティが空間構造と意味世界を包む概念ではないかと提起し、その意味に関連して、コミュニティの1つの側面に福祉コミュニティがあるのではなく、コミュニティの成熟した姿が福祉コミュニティであると主張している[1]。

　さらに越智は、こうした福祉コミュニティが自治的にもてるかどうかが、究極的に問われると論じ、そこでは「共苦・共育の思想」が不可欠であるとする。共苦・共育とは、人間尊重の地域生活を創造する活動が「小さくても人間的共感として気づくことからボランタリーに発動し、その過程で自己変革・主体の確立が起こる。それは、即時的な欲求充足ではなくて、各人の価値観の異質性がむき出しでぶつからざるを得ず、しかも自己をごまかさないで内的葛藤をくりかえしてともに育つという自己形成と人間理解の次元の実践」[2]を含意するところ

からきている。

　越智の思想には、奥田道大も共鳴している。奥田は、コミュニティの定義自体が福祉コミュニティの内実にふれており、定義としてはコミュニティと福祉コミュニティは相互交替的であるとみる。そこで両者はともに、次の2点を含むとしている。

① 「ひと」と「ひと」とのより自覚的・人格的な結びつき
② 地域生活の新しい質の構築・再構築

　そのうえで福祉コミュニティは、社会のあり方の根底にふれる意味において、「思想」運動としての側面をもった「文化変容」であると奥田は結んでいる[3]。
　このように都市社会学者は、福祉コミュニティをコミュニティの共同性や共通の絆の求めるべき実体として評価する。その点は同じく都市社会学者である渡戸一郎が、「ここでの『福祉』とは狭義の社会福祉のことではない。むしろ『さまざまな意味での異質性・多様性を認め合い、折り合いながら、自覚的に洗練された共助の規範、様式』といってよい」[4]と述べているのでも明らかである。あくまで関心の焦点は、コミュニティに新しい質の人間関係をつくる福祉の思想と、そこから生み出される行動力にある。
　前章で確認したような、未だ持ちあわせていない、包括的機能を果たしながら、現実に存在するような福祉コミュニティの考え方は、このように都市社会学者の側から近いものが提起されている。その意図には、福祉コミュニティ形成の側面が上位概念的なコミュニティの理念につながるとの期待感が滲み出ている。けれども福祉研究者の立場から彼らの論理をみれば、その前提となるべき固有の地域福祉実践への関心は薄いと思われる。こうした理想へ近づいていくために、どのような地域福祉実践をいかに蓄積していくかという過程こそが、現代社会において問われている。

2. 住民の主体性への新しい視点の必要性

　1960年にベル (Bell, D.) が『イデオロギーの終焉』を著して以降、ポストモダ

ンの社会理論が一定の影響力を保っている。クルック（Crook, S.）とパクルスキ（Pakulski, J.）とウォーターズ（Waters, M.）は、モダニゼーションの過程を分化・商品化・合理化の3つの要素に区分した。ポストモダニゼーションは、これらの高度化とその先の反転として理解される。つまり近代が高度化するにつれて、商品化と合理化のプロセスが進展して高度分化が現れ、さらに脱分化をもたらす。また商品化と合理化は、官僚制的権力と貨幣によって媒介された中央集権的管理を生成する過程であるために組織化を促すが、組織化が進行して高度組織化が生じ、それを受けて脱組織化が発現する。こうしてポストモダニゼーションは、分化と組織化の2つの近代化過程が極端な水準まで拡大した結果として分析されている[5]。

後述するように、地域社会でも脱組織化の状況がみられる現在、新しい人間関係を創造するものとして、福祉コミュニティは注目を浴びている。一方そういった社会であるからこそ住民の価値観は多様化し、いかにその主体性に働きかけるかという問題がより困難さを増してくる。この点に関して鳥越皓之は、次のように述べている。

> 「住民が主体性をもつということはどういうことなのであろうか。地域で問題が起こると、必ずといってよいほどに住民の意見は分かれるものである。あるいは分かれるというほど強くはなくても、個々の住民の意見はそれぞれに固有の（つまりは異なる）ものである。（中略）市民参加が大切だといわれ、地域社会において住民自身の意志決定は大切だといわれている。それはその通りなのであるが、地域社会においては、住民の意志決定とは一人の住民の意志決定を指すのではなくて、多数の住民に共有された意志決定を指す。つまり社会化された意志決定を指すのである。住民は個別的存在なのであるから、個別な考えを捨象して意志決定を共有し、さらにそれを実行可能にするには"社会化・政治化された仕掛け"が不可欠である。」[6]

今日の地域社会が流動化し、住民の意識も多様化していると判断されるなかでは、地域福祉でも住民の主体性に対する新しい視点をもった「仕掛け」が、福祉コミュニティ形成にも求められている。

3.〈脱地域〉の社会理論

福祉コミュニティの概念では、現代社会におけるコミュニティの衰退について

の認識の差があった。すでに都市社会学では議論されたテーマであるが、それをウェルマン（Wellman, B.）はコミュニティ・クエスチョンと名づけて、①コミュニティ喪失論（Community Lost）、②コミュニティ存続論（Community Saved）、③コミュニティ解放論（Community Liberated）の3つに分類している。

　コミュニティ喪失論は、これまでコミュニティの中核が近隣や家族などの第1次集団にあったのを、都市化によって専門的機能を有する第2次集団が代わるようになり、その結果コミュニティは衰退したと主張する。それに対してコミュニティ存続論は、都市化を住民の価値信条や生活様式の多元化状況の1つとみなし、都市的社会での小集団活動は存続していると反論する。

　ウェルマン自身が提起したコミュニティ解放論は、都市化のなかで従来の枠組みを超えた、自由で融通性のあるコミュニティ的結合をとらえようとする。それは第1次集団からの離脱を強調する点で、コミュニティ存続論とは本質的に異なる。この背景要因として、情報通信網や交通機関が高度に発達した現代社会には、第1次集団的な枠組みでは律しきれない動機や価値観、ネットワークが人間関係の根底にある点をあげている[7]。

　コミュニティ解放論は、アーバニズムの下位文化理論を提唱した、後期シカゴ学派のフィッシャー（Fishcher, C.S.）の考え方とも通底している。下位文化とは社会的ネットワークを含む概念であり、社会的ネットワークには、個人ネットワークと制度（団体や機関）への関与が含まれる。そして社会的ネットワーク論では、拘束的で組織的な地縁関係から、友人関係などの〈選択縁〉関係の重視へと人々の志向が向かう結果、規範化されたコミュニティからの相対的離脱が進んでいくこと。また日常生活の課題が専門的サービスによって対応されるに従って、類似したライフスタイルをもつ者同士の結びつきが強くなると主張している[8]。

　落合恵美子も核家族にとっての親族・隣人・友人・職場仲間などのネットワーク・カテゴリーは明確に分化していると指摘し、コミュニティを社会的ネットワークとしてとらえるのが適切であると論じている。さらにその観点で、1960年代に第二世代がつくった都市家族と、1980年代に第三世代がつくった都市家

族とを、乳幼児の育児期のライフステージに焦点を当てた社会調査によって比較検討した。この結果、前者が強力な親族ネットワークにより支えられていたのに対し、後者は親族ネットワークが親のみに限定され、それに従って家族のネットワークの全体構造が、1960年代とは異なったものに再構成されている点を明らかにしている[9]。

　パソコン通信やインターネットなどの普及による高度情報社会の進展も、コミュニティの解釈の幅を広げている。なかでもラインゴールド（Rheingold, H.）による、バーチャル・コミュニティの概念はよく知られている。コンピューターを媒介としたコミュニケーション技術を利用して、世界中の人々が開かれた討論に参加できるゆるやかな相互に結ばれたネットワークは、「ザ・ネット」と呼ばれる。バーチャル・コミュニティとは、ザ・ネットから生成される社会的な総和であり、ある程度の人々が人間としての感情を十分にもって、時間をかけて開放的な議論を尽くし、サイバースペースにてパーソナルな人間関係の網を創ろうとしたときに実現する[10]。こうしてラインゴールドは、個人がコンピューターのネットワーク上で、人間的で重層したコミュニケーションを相互に繰り返すことで、有機的なコミュニティが形成されると主張している。

　このような新しい理論は、個々人の意識のあり様をとらえ、彼らが情報を交換したり、援助をしあったりするネットワーク関係に焦点を当てている。これらの考え方は決してコミュニティの衰退を示唆するのではなく、第1次集団の範疇を基調としたコミュニティ・パラダイムの終焉を告げている。

第2節　地域福祉における〈新しい参加〉の流れ

1. 組織的な参加の分類

　これまで住民の参加については、アーンスタイン（Arnstein, S.R.）の「市民参加の八階梯」――市民参加を政策決定まで参画するレベルから、順に8段階まで分けて図式化した理論――がよく参照されてきた（図5-1）。それは市民参加が形式的な参画から、実質的な権力の保持に至る段階を示している[11]。この理論

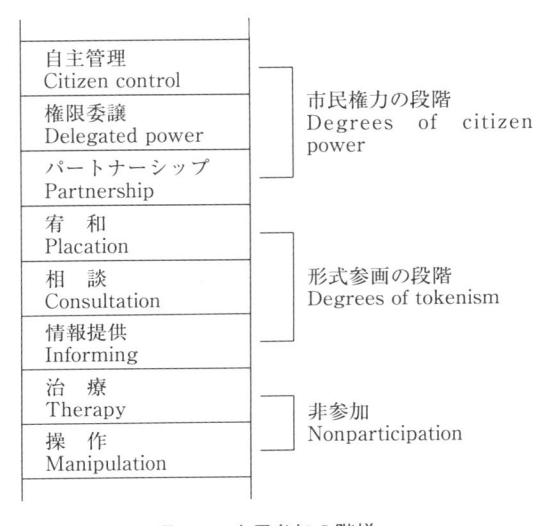

```
┌─ 自主管理
│  Citizen control
├─ 権限委譲              ⎫ 市民権力の段階
│  Delegated power      ⎬ Degrees of citizen
├─ パートナーシップ      ⎭ power
│  Partnership
├─ 宥　和
│  Placation
├─ 相　談                ⎫ 形式参画の段階
│  Consultation         ⎬ Degrees of tokenism
├─ 情報提供              ⎭
│  Informing
├─ 治　療                ⎫ 非参加
│  Therapy              ⎬ Nonparticipation
└─ 操　作                ⎭
   Manipulation
```

図5-1　市民参加の階梯
出典）篠原一『市民参加』岩波書店、1977年、116頁。

は、地方自治や地域福祉の公私協働の考え方に相当な影響を与えた。

　このように住民の参加では、行政学的な協働をキー概念として、「縦軸系」で高次化するものに評価がされていた。けれども本節で検討するのは、地域社会におけるポストモダニズム、コミュニティ活動での脱地域化、新たなネットワーク関係の広がり、といった状況をとらえること。この状況から鳥越のいう社会化された仕掛けを考え、福祉コミュニティの形成に生かし、新たな文化変容を起こす戦略の考察である。それには、住民参加の特性の多様化を見据えた「横軸系」の追究が必要と考える。

　地域福祉における住民参加の傾向は、1990年代を境として2つの流れが明瞭になりつつある。1つは1990年代以前に主流であった〈組織的な参加〉と称することができる実績である。もう1つは1990年代を起点とした〈新しい参加〉ともいうべき潮流である。

　〈組織的な参加〉は3つに分類できる。まず、A）地縁組織を基盤とする参加、である。これには町内会や自治会などの伝統的住民組織への参加、ならびに公民館を拠点とした参加などが範疇に入る。こうした参加と地域福祉には多くの

接点があり、福祉コミュニティの形成には不可欠となる。次に、B）伝統的な当事者組織への参加、である。戦後まもなくに組織された障害者関連の団体をはじめとして、社協や保健所などが関与して組織された一人暮らし老人の会や介護者家族の会などがこの範疇に入る。最後は、C）伝統的な関連アソシエーションへの参加、である。行政機関や社協やボランティア協会などへの参加、さらに既存のボランティア・グループへの参加も含まれる。

　上記のABCが交わる部分に該当する参加も重要である。たとえばAとBにおいては当事者組織の地域ごとの支会など、BとCでは当事者問題をテーマとした関連ネットワークへの参加など、AとCでは校区もしくは地区の社協や福祉委員会などへの参加が該当する。こうした重なる意味あいをもつ参加は、地域の福祉課題を取り上げて行政の施策や制度へとつなげたり、生活に密着した具体的な福祉ニーズを把握して、それに対応するボランティアの育成などの機能を今日まで果たしてきた。

2.〈新しい参加〉のアイデンティティ

　1990年代から顕著になった〈新しい参加〉とは、市民参加型のNPOやセルフヘルプ・グループなどの動きを指す。これらは、〈組織的な参加〉とは特性が異なる共通の絆をもって、コミュニティを創造しようとしている。こうした新しい参加を志向する人々を認識することが、福祉コミュニティをより実体的なものとするために必要である。ここではアイデンティティの概念を用いて、〈新しい参加〉での共通の絆を考察する。

　エリクソン（Erikson, E.）が規定したアイデンティティ（自我同一性）とは、「自分が確実な未来に向かって有効な手段を学びつつあり、社会的現実の中で明確に定義された自己に発達しつつあるという1つの確信」と説明されている。そうした自我同一性には、「真の業績――すなわち、その文化の中で意味のあることを成しとげること――が誠意をもって、かつ終始一貫して認められることにより、初めて真の強さを獲得する」と補足されている[12]。

　社会心理学では、社会的アイデンティティを「ある個人の感情的および価値的な意味づけを伴う自分がある社会集団に所属しているという知識」[13]と定義

し、特定の他者との関係に帰着する個人的アイデンティティとは区分している。それに関連して石川准は、人は存在証明のためにアイデンティティを意識するとし、重点となる所属・能力・関係の3項目を、次のように整理している[14]。

① 所属アイデンティティ：属する組織や共同体を示すもの
② 能力アイデンティティ：「わたし」が発揮できる能力や技術
③ 関係アイデンティティ：家族や職場などにおける関係や役割

近年、ボランティア活動などに参加する人々は、従来の「奉仕」の意味あいをもった動機からは次第に離れ、そこに個人的な経験、より突き詰めれば、所属・能力・関係のアイデンティティを求める傾向が色濃く出ている。これを裏づけるために、平成12年度の経済企画庁国民生活局『国民生活選考度調査』をみてみたい。同調査は「ボランティアと国民生活」を主題とし、ボランティア活動や寄付の現状や意識についての調査分析を行ったものである。

この調査では、いくつかの注目すべき結果が表れている。まずボランティア活動に関する考え方を問うた設問において、「他人から参加を強制されないことが大切である」と答えた人が、「全くそう思う」と「どちらかといえばそう思う」を合わせて、82.0％と最も多くなっている（回答者3,972人）。

次にボランティア活動への参加意欲をもつ人を対象に、どのような期間での活動を希望するかの設問では、「日常的にしたい」と「どちらかといえば日常的にしたい」と答えた人が合わせて17.9％となった。それに対して「期間を限ってしたい」と「どちらかといえば期間を限ってしたい」と答えた人は、合わせて61.7％と多数を占めた[15]。

このようなボランティアの意識の変化は、〈組織的な参加〉の関係者よりも〈新しい参加〉の関係者の方が早くから着目し、個人のアイデンティティを認識しての社会の変革につなげようとしている。このことは、次の伊藤道雄（NGO活動推進センター事務局長）の言説からも明らかである。

> 「私はこんなふうに理解しています。人間社会は全て同じような方向性あるいは能力を持った人たちで構成されているとは思いません。ある人は運動家として立ち上がり、他の人

たちは、社会問題より健康で楽しい自分の生活により関心があるでしょう。そうした場合、運動家が押しつけるような形で、あせって他の人々を引っ張っていこうとすると無理が生じます。やはり一人ひとりの考えや価値観が違いますから。

そうしたときに、できる範囲で学生さんや主婦の方や、企業の人たちにボランティアとしてＮＧＯ活動に関わってもらえば、その経験の中で世界や日本社会を見る目も変わり、自己変革も起こしていかれると思います。そして、そういう人たちが少しでも増え、社会の大きな流れになっていくことを期待しているわけです。」[16]

1998（平成10）年に特定非営利活動促進法が成立して以降、市民参加型ＮＰＯが脚光を浴びている理由として2点をあげることができる。1つは、山岡義典がＮＰＯの社会的意味を先駆性・多元性・批判性・人間性と整理しているように[17]、その目標やあり方を住民へ理解しやすいかたちで示している点である。

もう1つは、ＮＰＯが脱地域的なコミュニティを対象としている点である。それについては、他の任意団体と比較してＮＰＯが「複数の区市町村をまたがる区域」や「国内および海外の広域」を活動範囲とする割合が高く、「1つの区市町村の区域内」が低いとする調査結果がすでに出ている[18]。

これに関連して田中弥生は、コミュニティとは市町村のような行政区域を示すだけでなく、共通の関心や興味あるいは属性によって形成される人々の集合を意味するものだとし、このコミュニティ構築のための組織がＮＰＯであると論じている。また田中は、ＮＰＯが人々の社会的・心理的欲求を満たし、コミュニティの構築つまり公益という建設的な目的に向かった人々を統合し機能させる組織であるともつけ加えている[19]。

一方、セルフヘルプ・グループの歴史的源流はかなり遡ることもできるが、本格的に組織のあり方が注目されたのは、1970年代後半以降である。その時期が日本の社協の組織化活動の萌芽と重なるために両方を同一視する論者もいるけれども、ここでは以下のようなセルフヘルプ・グループ固有の特性を重視する[20]。

① セルフヘルプ・グループの基本型は、特定の目的の達成をねらった小グループである。
② 構造的特徴としては問題中心であり、特定の問題に対して組織化される。

③ 機能的特徴としてはコミュニケーションが垂直的（上下関係）ではなく、水平的（横の関係）である。

　セルフヘルプ・グループは対面的な相互作用を常に重視し、集まりが少数であっても積極的な意義を見いだしていた[21]。こうした点が、従来の社協活動が当事者の主体的な力の増進を主眼とし、多数者を組織化してきたのと戦略上の差違がある。それゆえに伝統的な当事者組織とセルフヘルプ・グループは、地域福祉の推進のうえでは区分した方が有効である。

3.〈新しい参加〉の組織の特性

　〈新しい参加〉の組織は、個人のアイデンティティを重視してコミュニティに働きかける。この傾向は〈組織的な参加〉と比較して、いかなる特性をもつと判断できるのか。それを社会科学的に考えるために、作田啓一による行為の選択に関する論考を手がかりとする。行為の選択における第一次的要因として、作田は次の3つの基準を規定し、これらが選択を左右すると論じている[22]。

① 手段としての有効性を重視する「有用基準」
② 行為の選択が行為者の準拠している原則に適合するかどうかを判断する「原則基準」
③ 他の生命体との共感を重視する「共感基準」

　こうした基準を用いて、〈新しい参加〉の組織の特性を検証してみる。まず有用基準に関しては、これまで試行錯誤してきたボランティア活動の有償性の問題がある。1980年代後半から、有償ボランティアといった日本独自の概念や時間貯蓄（点数預託）活動などが現れた。この傾向は、NPOが〈非営利性〉を有用基準としたことにより、さらに認知されている。また伝統的な当事者組織が地域の多数者を集めて社会性を獲得してきたのに対し、セルフヘルプ・グループは2人からでも組織するという〈個別性〉を有用基準として、少数の社会的弱者のエンパワーメントに貢献している。

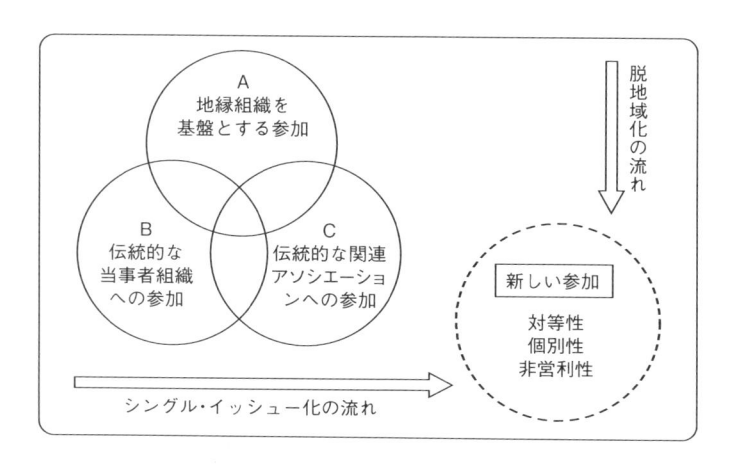

96　第Ⅰ部　地域福祉論と福祉コミュニティの概念

図5-2　地域福祉における住民参加の諸相

　次に原則基準をみると、NPOとセルフヘルプ・グループの双方ともに、活動の拠点が地域にあっても、地縁的なつながりからの〈脱地域化〉を活動の原則基準とする傾向が強い。つまり社会的属性から一定離れた、個々人の意志による結合を重視している。この影響もあって、地域性に基づいた生活課題全般を取り上げるよりも、人間性の本質に関わる問題を個別化して対象とすることが多い。換言すれば、活動目標の〈シングル・イッシュー化〉を原則基準とする傾向が目立つ。また伝統的な関連アソシエーションにありがちな、参加の主体に活動の継続性を強く期待する企図は、〈新しい参加〉の組織では概して強調されない。

　最後の共感基準としては、NPOの法人化により若干の変化がみられるものの、やはりNPOもセルフヘルプ・グループもインフォーマルな活動環境のなかでの結びつきを志向し、そこで構成員の自律性を尊重する〈対等性〉を強く意識している。NPOやセルフヘルプ・グループには、以上のような特性があると推定できる。〈新しい参加〉にアイデンティティを求めて集まる人々は、図5-2のように〈組織的な参加〉とは、コミュニティに別の位置を占めてきつつある。そのなかで脱地域化とシングル・イッシュー化の流れは、より明確になってきている。個別の事例で例外があっても、これが現在の地域福祉における参加のダイ

ナミズムの縮図となる。

第3節　アイデンティティの視角と多系的な機能の追求

1. アイデンティティ重視の福祉コミュニティ論

　今日、さまざまな言論でアイデンティティが取り上げられる背景には、まさにアイデンティティの危機を感じさせる世相がある。そのため地域福祉においても、アイデンティティに希望をもてる活動の取り組みと理論構築が必要となっている。

　そこで〈分節化〉〈連接化〉〈基礎化〉の各論に並置される、〈アイデンティティ重視〉の福祉コミュニティ論を提唱したい。〈アイデンティティ重視〉論は、新たな意味あいをもって創出されるコミュニティを意識する。これは前章でみた、福祉コミュニティ概念の分類で空欄であった座標軸の象限を埋めるような、脱地域的な範域を対象としつつも包括的機能をもった福祉コミュニティを想定するものである。

　さらにこれまでの福祉コミュニティ概念ではあまり強調されていない、人間性に重点を置いた活動を意図する。つまりコミュニティでの共通の絆を認識し、それを強化する人々の活動の動機をとらえることから始める。また福祉コミュニティ形成の具体的目標としては、コミュニティに埋没しがちな少数者の当事者問題に対して、主体的な活動を展開する仕掛けを考える。

　〈分節化〉〈連接化〉〈基礎化〉の福祉コミュニティの各論は、それぞれ機能・自治・活動単位といった、コミュニティ概念の地域性と共同性における客観的なリアリティを焦点としてきた。これに対して〈アイデンティティ重視〉論は、次のような主観的な側面を把握していく。

① コミュニティ概念の共通の絆に焦点を当て、そのコミュニティの構成員がもつ価値観や意欲をリアリティとして認識する。
② 脱地域的に活動する〈新しい参加〉の動向をとらえ、こうした活動の広

がりから意味空間としてのコミュニティの発展を意識する。
③　①と②をもって、福祉コミュニティとしてのあり方は包括的であっても、特定の問題に対しては実態的であるかたちを追求する。

　これまでの福祉コミュニティ論は、合目的的な論理を追究するあまり、福祉課題に対する機能的・合理的な対処の検討がなされても、個人の主観的な問題は軽視しがちであった。またネットワークの考え方も、社会システムに個人を従属させて機能化することで終結するものが多かった。この点に関して今田高俊は、ＮＰＯなどの活動が高まりをみせているのは、「働くことの意味空間の拡張を主張する、文化的な視点の経済への侵入である。これらは従来の経済的な動機からは説明できない」[23]ゆえにと指摘する。つまり個人の主観的な生きる意味への希求が、〈新しい参加〉の活動の動機となる。
　〈アイデンティティ重視〉論では、福祉コミュニティの形成にて個々の住民がどのような価値観を選択して社会化し、さらに意志形成の道具とするのかという主観的な視点をもたせていく。この論においては、福祉コミュニティに権利擁護（アドボカシー）の実践を追求する際に、明確な目標が設定される。つまり「人の権利を守る」意義を、いかに地域で生活する人々が各自の主観的な内面に絶えず問い返しながら形成していくかが、〈アイデンティティ重視〉論にとって最も関与すべき福祉コミュニティ形成の課題となる。こうした論理の展開は、第8章で試みる。

2.　多系的な機能をもった福祉コミュニティの形成

　社会福祉法が施行された2000（平成12）年は、地域福祉において本格的なアドボカシー実践が制度として規定される画期となった。アドボカシーの理論については第8章で述べるが、21世紀の福祉コミュニティ形成では、新たなアドボカシー実践の導入も図らなければならない。それに加えて、今日的な地域福祉への住民参加の諸相を把握することと、地域社会における諸問題の解決のために、それぞれの参加の特性に見合った活動を展開することが要点となる。以上をふまえたうえで、これからの地域福祉活動では、次の3つの側面が意識される[24]。

① 福祉ニーズに対処し、それを解決するための「合目的的な活動」
② 社会的不利の状況に陥った福祉当事者に対する「共感的な活動」
③ あるべき人間関係を求め、コミュニティをつくる「創造的な活動」

　上記を追求するうえでは、福祉コミュニティはコミュニティの部分的な位置にあるとか、福祉コミュニティとコミュニティの形成はどちらを優先すべきであるのか、といった論議はもはや意味がなくなる。また類型化した福祉コミュニティ概念のどれが優位性をもつか、といった検証の必要もない。

　とらえるべき問題は、福祉コミュニティの機能と人間の尊厳に関するものに集約される。そして発生した地域生活の諸問題に対し、いかなるコミュニティを対象として、福祉コミュニティの機能を求められる順序で萌芽させるのか。そして個人の諸権利を守る多様なコミュニティ活動をどのように創造するか、という戦略の次元に行き着く。こうした戦略の構想を地域福祉論は、どれだけ具体的に描けるかが問われている。

　次の第Ⅱ部では、多系的な機能をもった福祉コミュニティのあり方と、その形成を考察する。ここでいう「多系的」の意味は、「単系的」──唯一の理論で福祉コミュニティの形成を導くようなあり方──と対比させている[25]。すなわち、分化した地域福祉論や類型化した福祉コミュニティ概念を最大限に活用する方法論を追究するのである。

【注】
1）越智昇「新しい共同社会としての福祉コミュニティ」奥田道大編『福祉コミュニティ論』学文社、1993年、224頁。
2）越智昇「福祉コミュニティの可能性」奥田道大・大森彌・越智昇・金子勇・梶田孝道『コミュニティの社会設計』有斐閣、1982年、171～172頁。
3）奥田道大「福祉コミュニティへの始点」『福祉コミュニティ論』（前掲注1）3頁。
4）渡戸一郎「都市コミュニティ論の展開と課題」森岡清志・松本康編『都市社会学のフロンティア2──生活・関係・文化』日本評論社、1992年、159頁。
5）今枝法之「社会理論とポストモダニゼーション」千石好郎編『モダンとポストモダン』法律文化社、1994年、191頁。
6）鳥越皓之『地域自治会の研究』ミネルヴァ書房、1994年、230頁。

7）安田雪『ネットワーク分析』新曜社、1997年、157〜164頁。
8）松本康「新しいアーバニズム理論」鈴木広編『現代都市を解読する』ミネルヴァ書房、1992年、143〜155頁。
9）落合恵美子「家族の社会的ネットワークと人口学的世代」蓮見音彦・奥田道大編『21世紀日本のネオ・コミュニティ』東京大学出版会、1993年、105〜127頁。
10）H. ラインゴールド（会津泉訳）『ヴァーチャル・コミュニティ』三田出版会、1995年、20〜21頁。
11）篠原一『市民参加』岩波書店、1977年、115〜119頁。
12）E. H. エリクソン（仁科弥生訳）『幼児期と社会　1』みすず書房、1977年、302〜303頁。
13）M. A. ホッグ／D. アブラムス（吉森護・野村泰代訳）『社会的アイデンティティ理論』北大路書房、1995年、6頁。
14）石川准『アイデンティティ・ゲーム』新評論、1992年、18〜23頁。
15）経済企画庁国民生活局編『平成12年度　国民生活選考度調査』財務省印刷局、2001年、14〜25頁。
16）伊藤道雄「ボランティアからプロフェッショナルへ」『窓20　特集—今なぜボランティアか』窓社、1994、123〜124頁。
17）山岡義典「NPOの意義と現状」山岡義典編『NPO基礎講座』ぎょうせい、1997年、13〜17頁。
18）内閣府国民生活局編『2001年市民活動レポート—市民活動団体等基本調査報告書』財務省印刷局、2001年、20〜21頁。
19）田中弥生『「NPO」幻想と現実』同友館、1999年、25頁。
20）久保紘章・石川到覚『セルフヘルプ・グループの理論と実際』中央法規出版、1998年、5〜9頁を参照。
21）A. ガートナー／H. リースマン（久保紘章監訳）『セルフ・ヘルプ・グループの理論と実際』川島書店、1985年、7頁。
22）作田啓一『生成の社会学をめざして』有斐閣、1993年、123〜129頁。
23）今田高俊『意味の文明学序説』東京大学出版会、2001年、122頁。
24）この考え方は、須藤修が人々の社会的行為を合目的的行為・同調の行為・創造的行為に分類していたのを参考にした。須藤修『複合的ネットワーク社会』有斐閣、1995年、4頁。
25）単系的と多系的の語句の使い方は、鳥越皓之「民俗学と近代化論」鳥越皓之編『民俗学を学ぶ人のために』（世界思想社、1989年）から学んだ。

第 II 部
福祉コミュニティ形成の方法論

第6章
福祉コミュニティ形成の基本的視座

◆◆◆

　福祉コミュニティは、地域福祉とコミュニティの連字符の概念である。この概念を理解するために、歴史的な経緯をもって分化した地域福祉論を再認識し、多元化したコミュニティを分析した都市社会学の知見を調べた。そのうえで福祉コミュニティ概念の類型化を試み、新たにアイデンティティの視角をつけ加えた。こうして類型化した概念のなかで、どれが優位であるかを検討するよりも、コミュニティの実態をふまえて、多系的な機能をもった福祉コミュニティを形成する方途を選択していく。

　第Ⅱ部では、そうした福祉コミュニティを形成する基本的視座を定め、必要となる多系的な機能を取り込むために、理論社会学からの知見を適用した方法論を構想する。

第1節　多系的な機能をもった福祉コミュニティ形成のパラダイム

1. 概念と指標

　第Ⅰ部においては、概念という語を比較的安易に用いていた。形式論理学によれば、概念は「対象や現象をその本質的〈徴表〉（＝性質）において反映する思考形式」であり、あらゆる概念は内包と外延をもつとされる。概念の内包とは、概念に反映されている対象の本質の総体である。そして概念の外延とは、概念に反映されている対象の範囲を指す。概念の内包と外延は、相互に関連しあうものとなる[1]。それゆえに内包となるコミュニティが不明確なまま、概念の外延にネットワークの考え方などを無定限に組み込むと、概念としての福祉コミュニティは茫漠としたものになっていく。

　高根正昭は、事実とは概念によって経験的世界から切り取られた、現実の一部であると規定する。そして無限の広がりと複雑さをもつ経験的世界を、個々人が同じように認識するのは不可能であるとし、我々が行う認識とは、絶えず変化する経験的世界の一部を、概念によって把握することとみる。このために「概念がなければ、事実もない」と判断され、人間の認識の過程とは、主体的かつ積極的なものと論じている[2]。

　そのうえで高根は、実際の研究の過程における特定の概念は、研究者が「何を観察すべきか」の一般的定義を与えているとする。しかしそこにとどまらず、研究では概念を具体化した指標の設定が必要であると主張する。つまり概念が観察する対象の一般的定義であるなら、指標は観察という作業を行うための具体的な定義＝「作業定義」となり、この関係を図6-1のように示している。

　作業定義とは、概念と経験的世界を仲介する経験的な定義である。この定義に従って観察され、記述化された経験的世界の一部は、データや資料となって研究の経験的証拠になる[3]。以上の高根の論説を参考にしながら、多系的な機能をもつ福祉コミュニティ形成の作業定義として、これまでの福祉コミュニティ概念を包括する指標を定めていく。

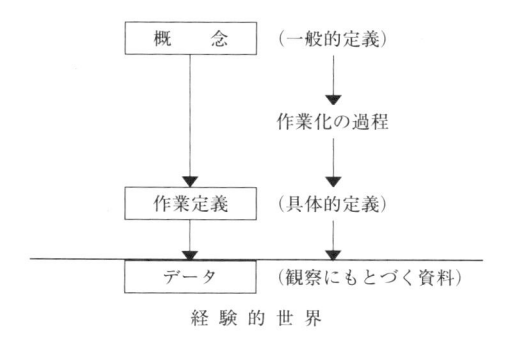

```
概　念    (一般的定義)
  ↓
       作業化の過程
  ↓
作業定義   (具体的定義)
  ↓
データ    (観察にもとづく資料)

経 験 的 世 界
```

図6-1　概念と作業定義の関係
出典）高根正昭『創造の方法学』講談社、1979年、64頁。

2. 方法論とパラダイム

　上記の指標を定めるには、まず方法論としてまとめる必要がある。その方法論をエルマン（Herman, J.）は、科学的研究の導きとなる考えの集積であると述べている。ある分析的観点からすれば、科学的研究には次の4つの基軸があり、これらのすべての基軸にわたる実践的な技法こそが方法論であるとする[4]。

① 問題設定の基軸：科学の対象を構成して、研究の問題を確定する。
② 理 論 的 基 軸：仮説をつくり、概念を規定する。
③ 関 連 的 基 軸：さまざまな理論やレヴェルの現象の説明を関連づける。
④ 技 術 的 基 軸：経験的研究を実施し、観察とデータの収集の装置を確定する。

　①の問題設定の基軸については、分化した地域福祉論を認識し、福祉コミュニティ概念を類型化したうえで、多系的な機能をもつ福祉コミュニティ形成を目標とすることで確定できた。③の関連的基軸も都市社会学のコミュニティ研究からの知見を得て、不十分ながらも備えることができた。④の技術的基軸としては、本章にてCO論からの技術を適用する。課題となるのは、②の理論的基軸である。ここで作業的定義として指標にする考え方は、福祉コミュニティを希求する実態を認識して仮説をつくり、その形成へと導くパラダイムである。

パラダイムとは1962年にクーン（Kuhn, T.S.）が創唱した定義であり、「広く人々に受入れられている業績で、一定の期間、科学者に、自然に対する問い方と答え方の手本を与えるものである」[5]と説明されている。理解の枠組みとも解釈されてパラダイムの概念は広まったけれども、一定のパラダイムに基づく研究の累積は、そのパラダイムでは説明できない問題を発生させて危機をもたらした。そのゆえに現在の諸科学では、頻繁にパラダイム転換が持ち上がっている。しかし福祉コミュニティの形成では、岡村重夫が示した5つの機能と〈基礎化〉論での対象を小地域に限定する考え方以外に、明確なパラダイムが見当たらないため、パラダイム転換を俎上に載せる状況ではない。

第2節　社会システムとしての福祉コミュニティ

1. 社会システムの存続と構造

　多系的な福祉コミュニティ形成のパラダイムを考えるために、作業的定義となる指標の設定をめざす。まず、これまでみてきた福祉コミュニティ概念から、次の2つを暫定的なパラダイムとする仮説を立てる。

　パラダイムⅠ
　　当事者が抱える福祉ニーズに焦点化し、その解消に必要な社会資源を開発・拡充する。さらにコミュニティで上記の資源と協働する住民参加の基盤を構築する。

　パラダイムⅡ
　　当事者が社会的に生きる意味に焦点化し、そうした人々が自己決定をして生きるうえで必要な諸権利を擁護する。さらにコミュニティで当事者が自立するための基盤を構築する。

　これらのパラダイムの仮説から方法論を考えるとすれば、本書での福祉コミュ

ニティは、社会システムとして構想するのが適切である。社会学の概念である社会システムとは、システムの概念を社会現象に適用したものであり、複数の行為者間の相互行為を１つのシステムととらえる。こうした社会システムには、内部に複数のサブシステムを内包したり、上位システムに包摂されるといった重層性がある[6]。

富永健一は、社会システムの機能的要件について「社会システムの存続の条件をなしているというよりも、社会システムの現行の構造の存続の条件をなしている」ものと規定している。またそれにつけ加えて、社会システムの構造と機能の間の対応関係を次のように述べている。

> 「一つの社会システムは、ある一つの構造のもとで、一定水準の機能的要件充足能力をもつ。人々の欲求水準が高まるか、あるいは当該システムにとっての環境条件が変化するかによって、これまでのシステムの機能的要件充足能力ではやっていけなくなる場合、これまでの構造は当該システムにとっての成員による支持を失う。すなわち、人々はシステムの機能的要件充足能力を高めるために、新たな構造を求めて現行の構造を棄て去るのである。」[7]

つまり社会システムの機能的要件は、構成員の欲求などに影響されて構造と相対する。さらに機能的要件と構造の関係についても、以下のように富永は整理している[8]。

① 一つの社会システムが、機能的要件充足能力のより低い段階からより高い段階に移行する時、当該社会システムは古い社会構造を棄てて、役割分化の度合いのより高い社会構造を採用しなければならない。
② 但しその場合、役割分化の度合いのより高い社会の構造形態は一つにきまっているわけではなく、複数の構造的代替が可能である。
③ それらのうちのどれを選択するかは、当該社会の成員自身の意志決定にゆだねられている。

現状の社会システムが存続されるか否かは、機能的要件を満たせるかにかかってくる。もし機能的要件がシステム能力を上回ると、システム能力を向上さ

せる構造変動を起こすことが必要となる。こうした相関関係は、福祉コミュニティにも該当するものであり、その機能的要件に対応するシステムのあり方と構造の関係を考えなければならない。

2. 利害システムと役割システム

　熊坂賢次は構造機能主義の理論をふまえて、社会システムの基本的な分類を論じている。社会的な問題に限定したときに熊坂は、主体の基本的な目的として「欲求」と「役割期待」をあげる。欲求を自己完結的に充足できない場合に主体は他者を必要とし、社会的な関係を形成・維持する。役割期待の場合には、主体の目的達成は二次的になり、社会的な関係が優先される。

　欲求と役割期待の対照性について熊坂は、第一義的な目的設定のレベルをどこにするかによって規定されるとする。つまり主体のレベルに第一義的な目的設定をするならば、その目的は欲求となる。これに対して社会のレベルに第一義的な目的設定をし、その下位目的が主体の目的である場合、目的は役割期待となる[9]。

　さらに熊坂は、すべての主体が自己の欲求充足を目的とし、社会的な関係を形成して維持するような社会システムを「利害システム」と規定した。このシステムで他者は、主体の欲求を充足するための手段となる。手段として有効な他者とは、社会財（＝目的の達成に必要な対象）を直接的にか間接的にか保有する者である。

　これに対して、すべての主体が自己に課せられた役割期待を充足するために、社会的な関係を形成し維持するような、主体を超えたところに設定された目的をもつ社会システムを、熊坂は「役割システム」と規定した。このシステムでは、主体は部分として自己を位置づけ、社会を全体として認識する。社会の目的を達成するために、主体は自己に課される役割期待を充足し、社会を自己のものとする（＝「社会のために生きる」という実感を得る）。主体の目的には還元できない（＝主体だけの行動範囲では獲得できない）社会の目的とは、主体の目的との関連では説明できない「社会に固有な目的」が、社会それ自体によって設定されることである。こうした目的に価値があるとき、主体は主体を超えた社会を待望し、このなかで目的の実現を求めるとしている[10]。

以上の熊坂の論説は、多系的な機能をもつ福祉コミュニティ形成において、暫定的に仮説を立てた2つのパラダイムとも整合する。パラダイムⅠは、当事者のニーズという主体のレベルに目的を置き、これに対して地域福祉に関連する社会資源と住民参加による利害システムを形成するものと再整理ができる。そこでパラダイムⅠは、〈資源－活用システム〉の構築をめざすものと規定したい。

　一方のパラダイムⅡは、すべての当事者の自立という目的を社会のレベルに置き、下位目的として主体の権利擁護が設定される。当事者を含むコミュニティの構成員は、これらの目的の達成における役割を期待され、役割システムを形成するものと再整理ができる。それゆえにパラダイムⅡは、〈自立－擁護システム〉の構築をめざすものと規定する。

　このような固有の目的をもつ2つの社会システムの構築を、多系的な機能をもった福祉コミュニティ形成のパラダイムとし、さらに方法論での理論的基軸とする。

第3節　技術的基軸としてのＣＯ論の適用

　福祉コミュニティの形成で方法論の技術的基軸となるものは、コミュニティワーク——歴史的にみればCOの技術をおいてほかはない。けれども膨大な蓄積があるCO論をすべて参照して、技術的基軸とするのは不可能である。そこで多系的な機能をもつ福祉コミュニティ形成のパラダイムの設定に有効なCOの技術を選定する。

1. タスク・ゴールとプロセス・ゴールの設定

　社会システムが1つの機能的要件を満たして次の段階に移行するとき、当該する社会システムは古い社会構造を捨てて、役割分化の度合いのより高い社会構造を採用すると、富永は述べていた。それゆえ社会システムが段階的に目標へ向かって発展するうえでは、プロセスにおいて質的な変容があると想定した戦略が見込まれる。

これをCO論にて検討すれば、ロスが『コミュニティ・オーガニゼーション──理論と原則』（1955年）のなかで発表した、次の技術の適用が考えられる。

① 単一目標による方法
　　特定のニーズを満たしたり、特定の社会資源を調整したりして、ある状況の改善を目標とする。
② 全般的目標による方法
　　ある分野に関心をもつ地域住民の多数が参加・共同し、関連の諸サービス全般の改善を目標として、調整をしたり計画を立案したりする。
③ 過程を目標とする方法
　　地域住民にとっての共通問題を発見し、住民参加によって計画的に対策を図る。

上記の方法のうち、①と②は具体的に達成すべきタスク・ゴール（課題目標）を設定する。これに対して③は、課題の達成までの内容を重視するプロセス・ゴール（過程目標）を設定する。特にロスは、住民参加の自己決定や協力的活動、コミュニティの問題解決能力を向上させるプロセス・ゴールの成就を重視した[11]。

こうしたタスク・ゴールとプロセス・ゴールの設定はCOの古典的な技術であるが、社会システムとして福祉コミュニティを形成し、段階的に発展させるための基本的な視点となる。

2. ロスマンによる方法モデルの変遷

次に適用を検討するCO論は、COの技術を方法モデルとする考え方である。ロスマン（Rothman, J.）が構想したCO実践の3つの方法モデルと問題対象を把握する12の分析指標は、CO論において最も影響力をもった学説の1つである。最初に提唱された3つの方法モデルの概要は、次の通りである[12]。

モデル A（Locality Development：地域開発）
　　伝統的なCOの技術を用いることで、コミュニティにおける構成員の自助

と諸集団の全体的な調和を目標とする。

モデルB（Social Planning：社会計画）

　社会問題の解決をめざす専門技術的な過程を重視し、合理的な計画を策定することで、社会資源の効率的な配分による課題達成を目標とする。

モデルC（Social Action：ソーシャル・アクション）

　社会正義あるいは民主主義の理念に基づき、住民が組織化を図って意思決定権を獲得することで、社会資源の改善・開発や権力機構の変革を目標とする。

　ミシガン大学に在籍していたロスマンと同僚の研究者らは、1970年に『COの戦略』という論文集を刊行し、上記の方法モデルを基礎としたCO論を展開してきた。同論文集は第6版（2001年）まで刊行しているが、第5版（1995年）以降は、『コミュニティ・インターベンションの戦略』と刷新したのが特徴である。

　上記の論文集に所収されたロスマンの論考は、次のような区分をして、時期ごとにその理論が変遷しているのをみることができる。

　・定礎期：3モデルの発表（1968年）から1987年まで
　・発展期：第4版（1987年）から1995年まで
　・転型期：第5版（1995年）から現在（2001年）まで

(1) 定礎期──3つの方法モデルの活用

　包括的なCO概念の構想に取り組んでいたロスマンは、それよりも3つの方法モデルでまとめる方に利点が多いと着想し、1968年のサンフランシスコでのソーシャルワーク全国会議で発表して幅広い支持を得た。

　これらの方法モデルのうち地域開発モデルは、プレイ（Pray, K.）、ニューステッター（Newstetter, W.）、リンデマン（Lindeman, E.）、ロス（Ross, M.G.）の業績など。社会計画モデルは、レイン報告書、スタイナー（Steiner, J.）の業績、ユナイテッド・ウェイによる文書など。ソーシャル・アクション・モデルは、セツルメント・ハウスの動向、セオドア・ルーズベルトの政権時代の改革、

年次ごとのソーシャルワーク全国会議の議事録など。以上から受けた影響を反映したとロスマンは随想している[13]。

『COの戦略』の第2版（1974年）までは、COの方法モデルを混合する可能性について、たとえば「地域開発と社会計画の統合は、かなり効果をもたらしやすいかもしれない」という程度に言及している。ただし適切な時期を見計らって、1つの方法モデルから他の方法モデルへと、段階的に活用することは奨励している[14]。

これが第3版（1979年）になると、地域開発の実践者は、人間関係における調和とコミュニケーションを大切にする。社会計画のプランナーは、合理性や客観性そして専門的な目的を促進する。ソーシャル・アクションの行動者は、社会的な公正と同等を強調する。以上のようなソーシャルワークの価値を各自が体現するなかで、現実的かつ理論的なアプローチの代替や混合の必要性を論及するようになる[15]。

(2) 発展期──マクロ実践論への拡張

1970年代から1980年代にかけて、アメリカではソーシャルワークにおけるマクロ実践が顕著な動向を示した。その背景には、伝統的なソーシャルワークの三分法に対する批判や社会的・政治的な動向が与えた影響がある。Encyclopedia of Social Workをみると、第17版（1977年）まで連続して掲載していたCOの項目が第18版（1987年）では削除され、代わりに「マクロ・プラクティス」を解説しているのが目を引く[16]。

この項目を担当したミナハン（Meenaghan, T.M.）は、マクロ実践の主要な機能的領域として、計画（Planning）、運営（Administration）、評価（Evaluation）、そしてCOをあげて論じた。そこではこれらの技術を用いて、社会政策を改良・発展したり、社会サービスをより効果的に分配したり、地域生活を改善して社会問題を予防する、といった実践のあり方を強調している[17]。

こうした情勢を受けてロスマンとトロップマン（Tropman, J.E.）は、『COの戦略』の第4版（1987年）では、これまでの3つの方法モデルを基礎としながらも、ソーシャルワークのマクロ実践の動向に沿ったCO論の再構成を図ってい

る。それは政策分析を通して政策の発展や改善のための諸条件を明らかにし、その実践をめざす概念である「政策実践」と、COの推進機関・組織における人事や財政の管理、さらに運営の民主化や環境改善などの機能の概念である「アドミニストレーション」をサブモデルとして、先の3つの方法モデルにつけ加えるという形式で整えられた[18]。

　政策実践論や管理運営論は、以前から補助的なソーシャルワークの方法論としてあったものである。2人の論者はこれらをモデル化して加えたことで、公的機関にも介入して政策を発展させる一方、非営利組織の運営や政策分析、また資金造成なども図るマクロ実践論としてCO論を拡張させる意図を全面的に打ち出した。しかしロスマンがCOのマクロ的な発展を志向した時期は比較的短期間で収束し、次の転型期としてのコミュニティ・インターベンションの戦略へと向かうことになる。

3. コミュニティ・インターベンションの戦略
（1）コミュニティ・インターベンションの対象

　既述したように『COの戦略』は、第5版（1995年）から『コミュニティ・インターベンションの戦略』と改題された。コミュニティ・インターベンションという概念についてロスマンは、「それはまたコミュニティ・プランニング、コミュニティ・リレーションズ、変革への計画、コミュニティワークなどとも称される。さらにはネイバーフッド・ワーク、ソーシャル・アクション、インター・グループワーク、コミュニティ実践といった語句も好んでつけ加えられる」[19]ものとし、明確な定義はしていない。

　この語を使用する理由についても、「COとは、歴史的に包括的な用語体系であったものだが、しかしそれはたびたびもっと狭い急進的なコミュニティの組織化と混同される。コミュニティワークは、しばしば地域発展の見解を伝えるものとして用いられている。コミュニティ・インターベンションは、使われる語句へ架橋することに便利で有用なものと思われる」[20]と述べている程度である。

　けれどもコミュニティ・インターベンションの理論自体は、前版で示したCOのマクロ的な発展志向からの修正となっている。それはコミュニティ・インター

ベンションが対象とする範域や用いる方法モデルをみれば明らかである。まず対象とする範域では、実践の要素となる社会的な対象として「コミュニティ」「組織」「グループ」をあげている。コミュニティは社会の重要なサブシステムであり、地域に関連した機能が働く範囲である。そこでは地域住民・資産・サービス・責務を果たす組織などが重視される。組織はフォーマルとインフォーマルの両方を含み、目的達成の手段を有して人々が望む生活の実現に寄与する。グループは各種の委員会といった単位が該当し、問題解決や変革の課題をもって貢献する。

以上を対象としてコミュニティ・インターベンションは、人間の成長や社会改良の達成を目的としたアプローチを行っていく。これにはコミュニティの実践者（ソーシャルワーク・保健・社会教育・行政・都市計画・地域精神保健などの専門家、市民団体や社会運動グループの市民ボランティア）が関与することになる。そうした実践者に対してロスマンは、困難や障害を被っている個人を直接的に援助するミクロな視点と、困難の原因となったり、悪化させたりしている社会環境を変革するマクロな視点の、2つの視点をもったジェネラリストとしての態度を求めている[21]。

(2) コミュニティ・インターベンションの方法モデル

コミュニティ・インターベンションで用いる方法モデルには、もっと明白な修正が施されている。前版で加えた2つのサブモデルのうち、まずアドミニストレーション・モデルが除外された。コミュニティの改善や変革、問題解決を目的する介入の方法を集約するコミュニティ・インターベンションでは、アドミニストレーションは別次元のものになると判断されたのである。

もう1つのサブモデルであった政策実践は、社会問題の解決手段のためにデータの収集と分析を準備する共通性を考慮して社会計画と組み合わされ、「社会計画／政策」モデルと統合された。この結果、コミュニティ・インターベンションでは、モデルA（地域開発）、モデルB（社会計画／政策）、モデルC（ソーシャル・アクション）、の3つの方法モデルに再構成されている[22]。

ただしアドミニストレーションの除外は、その重要性を軽視したためではない。アドミニストレーションは運営・開発・変革する組織の実践であり、特定

の目標を追求し、特定の戦略とプログラムを実行するために、組織が形成されて向かうところを通しての手段となる。ロスマンとトロップマンは、こうした組織の運用に決定的な意味をもつアドミニストレーションに対しては独自の戦略を構想することにより、影響力においてコミュニティ・インターベンションと補強し合う関係を求めている[23]。

(3) 実践のアプローチの混合

ロスマンが3つの方法モデルを着想した当初は、これによる実践のアプローチはほぼ理想的なものとして、方法モデルの独立性を強調していた（図6-2-1）。まもなく、常に他のアプローチとの関わりを想定した、問題状況に応じての方法モデルの選択的・混合的・移行的な活用を論及するようになる（図6-2-2）。

コミュニティ・インターベンションでは、上記の方法モデルの活用を認めたうえで、最初から方法モデルを混成した混合アプローチとしての活用を主張している。混合アプローチとは、方法モデルを2つずつ——「開発／行動」「行動／計画」「計画／開発」——組み合わせた複モデル（Bimodal）の組成を意味する。またすべての方法モデルが混成する、図6-2-3の中心部の状態も理論的にあるとした[24]。

こうして3つの方法モデルのアプローチを混合する理由について、ロスマンは次のような実践状況の変化をあげている。

① 地域開発では、外部との関係によってプログラムを拡大した社会計画を策定する傾向がある。また地域グループが相互に関係することで、社会計画の役割を側面的に担ったり、ソーシャル・アクションの構成単位となる場合がある。
② 社会計画では、常に広範囲な住民参加が強調されるので、地域開発のアプローチを重視する場面が多くある。
③ ソーシャル・アクションも急進的な変革ばかりでなく、標準的な改変を目的とするものが増え、社会計画や政策の実践のデータに基づいた技術を用いたり、実践活動の団結と継続のために地域開発が重視されている。

① 理想型としてのインターベンション方式　　② 重複が見られるインターベンション方式

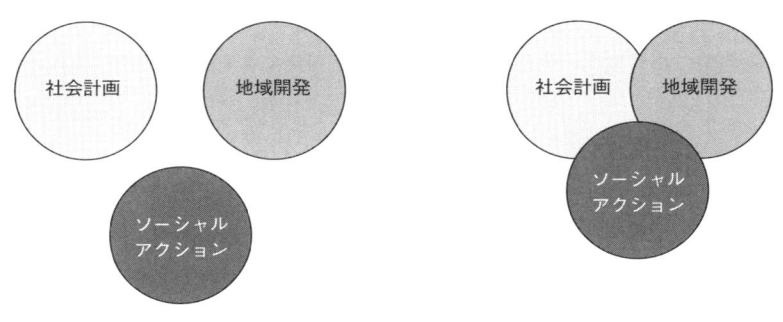

③ 混合により「モデル」「複モデル」「すべての混成」の
　　領域が比例しているインターベンション方式

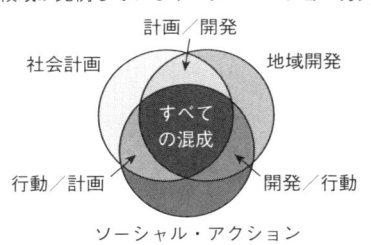

図6-2　コミュニティ・インターベンションの方法モデルの位置関係
出典）Jack Rothman, "Approaches to Community Intervention," in *Strategies of Community Intervention* (5th ed.), 1995, pp.46-47.

人々の価値観が多元化して相反することが多い現代社会において、単独のCOモデルだけでは十分な社会貢献が困難なために、上記のような実践の変化が起きている。それゆえ限られた時間で複数の成果を求めなければならない情勢では、混合アプローチが有効であるとロスマンは論及する。またすでに、こうした実践を経験的に行っている組織や団体が数多くあるとも指摘している[25]。

(4) 12の分析指標について

問題対象を把握する12の分析指標は、3つの方法モデルのアプローチを採用する際に、選択される実践の変数（コミュニティの状況、行動の目標となる範疇、一般的な福祉の概念、適当な戦略など）の特質を仮定したものである。こ

表6-1 コミュニティ・インターベンションのアプローチとそれに従って選択される実践変数

	モデルA (地域開発)	モデルB (社会計画／政策)	モデルC (ソーシャル・アクション)
1. コミュニティ活動の目標範疇	コミュニティの能力と統合；自助（プロセス・ゴール）	実質的なコミュニティの諸問題に対する問題解決（タスク・ゴール）	権力関係や資源の転換；基本的な制度上の変革（タスク・ゴールもしくはプロセス・ゴール）
2. コミュニティの構造や問題状況に関する仮説	コミュニティの衰退、アノミー；関係や民主的な問題解決能力の欠如；活気のない伝統的社会	実質的な社会問題、精神的・身体的健康、住宅問題、レクレーションなど	虐げられた人々、社会的不正、搾取、不平等
3. 基本的な変革の戦略	問題の限定や解決における、広範囲な階層の巻き込み	問題についてのデータ収集や最も合理的な行動の順序の決定	問題の具体化や敵対目標に対して行動を起こすための人々の動員
4. 特徴的な変革の戦術と技術	合意；コミュニティの諸集団や諸利益間の意志疎通；グループ討議	合意もしくは対立	対立や対決、直接行動、交渉
5. 顕著な実践者の役割	助力者－分析者、調整者；問題解決技術や倫理的価値の教育者	事実の収集者および分析者、事業の推進者、促進者	弁護する行動者；扇動者、仲介者、交渉者、同志
6. 変革の手段	課題を志向する小グループの導き	公的組織の導きとデータの取り扱い	大衆組織や政治過程の導き
7. 権力構造に対する志向性	権力組織のメンバーは、共通の事業における協力者である	権力組織は雇用者やスポンサーである	権力組織は行動の外部標的；倒されるか覆されるべき圧政者
8. 受益する組織の境界となる定義	地理的コミュニティ全体	コミュニティ全体もしくはコミュニティ階層	コミュニティ階層
9. コミュニティの下部組織の利益についての仮説	共通利益もしくは調整可能な相違	調整可能な利益もしくは対立状態にある利益	容易に調整できない利益争い、不十分な資源
10. 受益者の概念	市民	消費者	被害者
11. 受益者の役割の概念	相互作用的な問題解決のプロセスにおける参加者	消費者もしくは受給者	雇用者、任命者、仲間
12. エンパワーメントの使用	共同的で洗練された決定をするためのコミュニティの能力の構築；住民による個人的な支配感情の促進	サービスのニーズについての消費者からの発見、消費者のサービス選択の情報の告知	受益組織のための外部権力の獲得－コミュニティの決定に影響する権利と手段、参加者による征服感情の促進

出典）Jack Rothman, "Approaches to Community Intervention," in *Strategies of Community Intervention* (5th ed.), 1995, pp.44-45

れにより理想の方法モデルを用いるときのアプローチを想定したり、他の方法モデルのアプローチと比較することが可能となる。

　つまり12の分析指標は、3つの方法モデルの活用を考えるうえでの戦略の見取図といえる。そこに位置づけられた実践の変数は、長年にわたるロスマン自身の経験や他の実践の分析による再検討が何度もなされ、細部の修正のみならず、他の変数との差し替えもされている。したがって12の分析指標は、第5版

（1995年）に掲載された表6-1が最新のものとなる[26]）。
　以上のようなコミュニティ・インターベンションにおける方法モデルの混合アプローチの技術を、多系的な機能をもった福祉コミュニティ形成の方法論の技術的基軸として適用し、福祉コミュニティ形成のパラダイムの設定において活用していく。

【注】
1 ）仲本章夫『形式論理学入門』創風社、1987年、27～32頁。
2 ）高根正昭『創造の方法学』講談社、1979年、59～60頁。
3 ）高根、同前、61～65頁。
4 ）J. エルマン（原山哲・樋口義広訳）『社会学の言語』白水社、1993年、11～13頁。
5 ）中山茂「パラダイム論の展開」中山茂編『パラダイム再考』ミネルヴァ書房、1984年、9～10頁。
6 ）鈴木幸壽ほか監修／岡田直之ほか編『新版　社会学用語辞典』学文社、1985年、113頁。
7 ）富永健一『社会学原理』岩波書店、1986年、199頁。
8 ）富永、同前、201頁。
9 ）熊坂賢次「利害・役割・制御の構造」慶應義塾大学文学部社会学研究室編『社会生活の場面と人間』慶應通信、1985年、67～71頁。
10）熊坂、同前、71～82頁。
11）M. G. ロス（岡村重夫訳）『コミュニティ・オーガニゼーション―理論と原則』全社協、1963年、27～34頁。
12）Jack Rothman,"Three Models of Community Organization Practice," from National Con-ference on Social Welfare, *Social Work Practice 1968* (New York: Columbia University Press, 1968).
13）Jack Rothman, "A Very Personal Account of the Intellectual History of Community Or- ganization," in Jack Rothman ed., *Reflections on Community Organization*, F.E.Peacock Publishers, Inc., 1999, p.228.
14）Jack Rothman, "Three Models of Community Organization Practice," in Fred M.Cox and John L.Erlich and Jack Rothman and John E.Tropman eds., *Strategies of Community Or-ganization*(2nd ed.), F.E.Peacock Publishers, Inc., 1974, p.38.
15）Jack Rothman,"Three Models of Community Organization Practice, Their Mixing and Phasing," in Fred M.Cox and John L.Erlich and Jack Rothman and John E.Tropman eds., *Strategies of Community Organization* (3rd ed.), F.E. Peacock Publishers, Inc., 1979, p.45.
16）しかし次の第19版ではCOの項目が復活し、マクロ・プラクティスは「コミュニテ

ィ・プラクティス・モデル」に取って代わられている。この新しい項目では、ウェイルとギャンブルがコミュニティ実践の8つのモデルを示し、その特性をマトリックスで比較している。Marie Overby Weil and Dorothy N.Gamble, "Community Practice Models," in Richard L.Edwards et al.eds., *Encyclopedia of Social Work*(19th ed.), NASW PRESS, 1995, pp.577-591.

17) Thomas M.Meenaghan, "Macro Practice: Current Trends and Issues," in Anne Minahan et al. eds., *Encyclopedia of Social Work*(18th ed.), NASW PRESS, 1987, pp.82-86.

18) Jack Rothman, "Models of Community Organization and Macro Practice Perspectives: Their Mixing and Phasing," in Fred M.Cox and John L.Erlich and Jack Rothman and John E.Tropman eds., *Strategies of Community Organization* (4th ed.), F.E.Peacock Publishers, Inc., 1987, pp.19-23.

19) Jack Rothman, "Introduction of Parameters of Intervention," in Jack Rothman and John L.Erlich and John E.Tropman eds., *Strategies of Community Intervention*(5th ed.), F.E.Peacock Publishers, Inc., 1995, p.4.

20) Jack Rothman, "Approaches to Community Intervention," in *Strategies of Community Intervention*(5th ed.), p.28.

21) J.Rothman, "Introduction of Parameters of Intervention," see n.19), pp.9-15.

22) J.Rothman, "Approaches to Community Intervention," see n.20), pp.30-32.

23) Jack Rothman and John E.Tropman, "Introduction of Administration and Management," in Jack Rothman and John L.Erlich and John E.Tropman eds., *Strategies of Community Intervention* (6th ed.), F.E.Peacock Publishers, Inc., 2001, pp.407-413.

24) J. Rothman, "Approaches to Community Intervention," see n.20), pp.46-52.

25) J. Rothman, *ibid.*, pp.52-61.

26) 第5版（1995年）に掲載された12の分析指標から、現代的なソーシャルワークの観点をもった「エンパワーメントの使用」が実践の変数として取り上げられた。

第7章
〈資源―活用システム〉の連関モデルの構想

◆◆◆

　コミュニティ概念が多元的なうえに、福祉コミュニティ概念の外延も不明瞭なままで、福祉コミュニティには地域福祉の内容が拡散して詰め込まれることが多い。そのため本章では、類型化した福祉コミュニティ概念に含まれていた諸機能を収斂するような、多系的な機能をもつ福祉コミュニティ形成のパラダイムをモデルとして構想する。

　こうした福祉コミュニティ形成のパラダイムを、当事者の福祉ニーズという主体のレベルに目的を置き、これに対して地域福祉に関連する包括的な社会資源と、必要となる住民参加を関連づける〈資源－活用システム〉をモデル化することで定めていく。さらにそれが一過性の目標で終わるのではなく、次の目標が連関する社会システムとなって、福祉コミュニティが持続的な発展をするように考察する。

第1節　事前評価の技術と展開

1. コミュニティ・ニーズ・アセスメント

　福祉コミュニティの形成は、コミュニティワークの実践のなかで取り組まれる。通常のコミュニティワークでは、地域社会を歴史的・文化的・社会的に固有の要素をもつ存在として理解し、問題を個別化して把握することから始まる。つまり地域構造と特性——人口動態、町内会や自治会などの住民組織、社会資源、産業構造——のほかに、地域の歴史や住民意識に関する既存資料や調査報告書などを収集し、地域社会の全体像を明らかにするのが最初の課題となる。これを終えると、各種データによる地域社会のニーズの評価、いわゆる事前評価の段階に入る。

　この事前評価は、1960年代のアメリカで確立したソーシャルワークの技術であるコミュニティ・ニーズ・アセスメントが相当する。その時代は連邦や州の社会福祉プログラムが増大し、資源分配の効果的な方法が求められていた。トロップマン（Tropman, J.E.）は、コミュニティ・ニーズ・アセスメントには量的な測定と質的な測定の技術があると述べている。量的な測定には、指標と社会調査のアプローチがある。指標のアプローチとは、既存の各種データを分析することにより、コミュニティでの生活問題を浮き彫りにする技法を意味する。社会調査のアプローチは、①サービスへの要求度、②サービス供給者や資源の分析、③市民調査、などの内容を含んでいる。

　もう一方の質的な測定では、問題状況の詳細な情報の把握に傾注する。たとえば公開集会を行ったり、特定の対象者グループや社会一般の階層のグループから、意見を集約する手法などが取られる。こうして得られた情報から、コミュニティの質的なニーズの全体像を明らかにしていく技術を重視している[1]。

　日本でもこれらの技術は定着しているが、最近では量的な測定の方が重視される傾向にある。後述するアドボカシーの実践を考えれば、対象や問題を限定して地域踏査を展開したり、住民懇談会などの参加方式を用いるといった質的な測定も重視して、住民の問題解決への動機づけにつなげるのも大切である。一般的なコミュニティワークとしては、量的な測定で得た住民に共通する福祉ニ

ーズと、質的な測定で得た当事者問題の二面的なデータに対し、いかにバランスの取れた評価をするかが要点となる。

またトロップマンは、コミュニティ・ニーズ・アセスメントの技術的な面だけでなく、評価を行う者がもつべき視点にも言及している。つまり評価者は、緊急のニーズを評価するだけでなく、解決困難なニーズに対処するコミュニティのシステム確立という、2つの目標を同時にもつべきだとする。前者は短期的なプログラムの運営に、後者は長期的なプログラムの開発へ、それぞれ機能的に結びつくと論じている[2]。

2. 事前評価の枠組み

以上の事前評価の考え方をとらえると、図7-1のように量的なニーズと質的なニーズの軸、そして緊急の課題への対応と包括的なシステムの確立の軸、の2つの軸が交差する座標軸を枠組みとすることができる。

```
               緊急の課題への対応
                    │
           A        │        B
  量的な              │              質的な
  ニーズ  ───────────┼───────────  ニーズ
           D        │        C
                    │
              包括的なシステムの確立
```

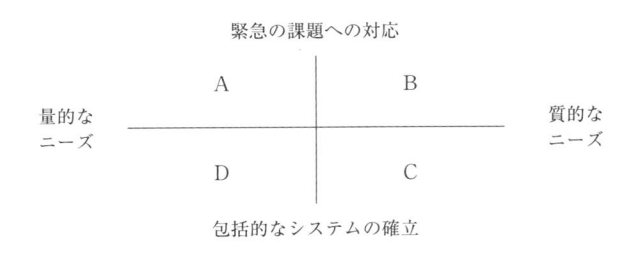

図7-1　事前評価の枠組み

福祉ニーズの解消に向けて、地域社会での諸条件を分析することは、「地域診断」とも呼ばれている。上記の事前評価の枠組みにあるABCDに位置するニーズに対し、福祉コミュニティ形成の前提となる地域診断としては、次のような点が問われる。

　A　ニーズと社会資源との適切な整合　┐
　B　特定ニーズに対する個別的な対応　┘ ⟺ 社会資源に対する診断

C　当事者問題の解明と具体的な対処　⎤
　　D　問題に対する公私の関係者の意識　⎦ ⟺ コミュニティに対する診断

　AとBは主として社会資源に対する診断となり、Aはその活用状況の詳細な把握、Bは特定ニーズに対する資源の対応の有無が焦点となる。残るCとDは、コミュニティのあり方に対する診断である。Cは地域の当事者問題を解明し、的確な対処ができる方策を取れるかを検討する。Dは生活問題に対する公私（機関・団体と住民）の関心や解決への要求度を診断することで、問題解決および発生予防を図る要件を満たしていく。

　このような地域診断によって、問題解決の優先順位や手順が確定し、次の計画の策定と実施の段階へとつながって、地域福祉活動の統合化がなされていく。通常、地域診断では、最初に緊急の課題が取り上げられ、問題解決の見通しを図るうえでニーズと社会資源との整合性が判断される。つまり事前評価は、「どのような状況が存在するのか」「こうした状況で何をなすべきか」を考える段階となる。これらの内容は、「何がなされたか」「それは十分に効果的であったか」を考える事後評価へとつながる。

3. 社会資源がある対象圏域の設定

　事前評価の枠組みでとらえた社会資源の診断は、コミュニティケアを適切に展開する要件となる。具体的には固有の機能をもった社会資源が、ある対象圏域を設定し、生活課題に対処する方針を立てていく。この対象圏域は表7-1のように、①行政圏・管轄圏、②地域福祉圏、③サービス利用圏、④住民生活圏、⑤住民活動圏、と分類し、福祉ニーズに対してそれぞれに所在する社会資源の活用を検討することが可能である。

　住民生活圏においては、障害者の雇用状況や生活環境の社会的不利の程度や移動（交通）手段の有無なども評価され、また民間企業などの社会貢献（フィランソロピー）活動も重要な社会資源に含まれる。住民活動圏では、既述した市民参加型NPOやセルフヘルプ・グループなどの脱地域化した諸活動や、近年のパソコン通信やインターネットなどの普及による高度化した情報網の状況も

表7-1　コミュニティにおける対象圏域

行政圏・管轄圏	○福祉事務所や町村役場、市町村保健所がとらえる行政区域 ○地区公民館および民生児童委員の活動区域
地域福祉圏	○市区町村社協が学区や旧町村などを活動対象とする小地域 ○「施設の社会化」として福祉施設が諸活動を展開する範域
サービス利用圏	○病院や診療所が地域治療などの実践を展開する区域 ○法人や民間団体による各種の福祉サービス事業の利用区域
住民生活圏	○衣・食・住や通勤・通学・娯楽など、地域住民が日常生活を滞りなく行うことができる範域
住民活動圏	○住民の自主的・主体的な地域活動の拠点とその範囲、およびこうした活動を調整するセンター機能の範囲

評価される。

　以上のように、事前評価によって量的なニーズと質的なニーズをとらえ、さらに既述した枠組みをもってこれらの特性を把握する。次に地域診断として、地域の社会資源とその資源がある対象圏域が、適切にニーズへ対処しているかを検証する。もし何らかの不備や不足があれば、CO論のインター・グループワークの技術を適用して、対象圏域を超えて社会資源の役割を調整したり、必要なネットワークを形成する。こうした地域福祉の組織化を図ることが、多系的な機能をもつ福祉コミュニティ形成の初期作業となる。

第2節　AGIL 4機能図式の応用

　福祉コミュニティの形成は、地域社会での優先度の高いニーズに対応するために、まず事前評価として、該当する社会資源の活用状況の把握および社会資源が存在する対象圏域の調整などの地域診断から着手される。しかしそれだけで問題状況の改善の見通しがつかない場合は、多系的な機能をもった社会システムを確立する長期的なプログラムを立案しなければならない。
　この社会システムを〈資源-活用システム〉として構想する。そこでは岡村重夫による福祉コミュニティ概念と、4つに類型化した〈分節化〉〈連接化〉〈基礎化〉〈アイデンティティ重視〉の概念を基礎理論としつつ、これらのなかに規

定された機能を収斂するためにパーソンズ（Parsons, T.）による社会システム論の応用を試みる。

1. パーソンズの社会システム論

　パーソンズは、社会システムを相互行為のシステムもしくは役割のシステムとして概念化し、構造と機能をキー概念として社会システム論を展開した。ここでは社会システムの構造を、①役割（もしくは地位）構造、②資源配分の構造、③役割構造・資源配分の構造を制御する価値・規範の構造、の3点でとらえている。これらの構造が社会システムの活動に、どのように関係しているのかを明確にすることが、いわゆる「構造‐機能分析」の焦点となった。

　まずパーソンズは、構造を恒常的な役割のネットワークとして、機能をこうした役割遂行への動機づけの諸要素の働きとして認識した。そのうえで、次のような社会システムとサブシステムの関係を見いだしている。

① 社会にあるさまざまな組織や集団のすべてが、サブシステムとして社会システムを構成する一方、組織や集団は自己の存在を維持しながら、社会システムのなかで活動している。
② どのサブシステムも機能的要件——ここでの機能的要件とは、当該システムが存在を継続するためにシステムに要請されるもの——を備えて、一定の役割を社会において果たしている。

　さらに、上記の関係をもつ社会システムの機能の普遍的要素として、以下の4つの機能的要件が備わっているとし、社会システムがある目標を達成することは、4つの機能的要件を充足していくという、社会システム構造の分析を定式化した。これらの機能の相互連関はAGIL 4機能図式と称され、社会体系の構造と過程を分析する社会学の道具的理論として確立した[3]。

① 適　　応（Adaptation）
　　外的状況に適応し、環境から十分な資源（手段や道具を含む）を確保し

て、これをシステム全体に配分すること。サブシステムとしては、一般的に経済が該当する。
② 目標達成（Goal Attainment）
　システムの目標を達成するために、資源やエネルギーを動員したり、またこれらの間の優先順位を確立すること。サブシステムとしては、一般的に政治が該当する。
③ 統　　合（Integration）
　システム体系の構成単位の相互調整を促進し、連帯を維持すること。サブシステムとしては、一般的に社会コミュニティが該当する。
④ 型の維持と緊張処理（Latent Patten Maintenance and Tension Management）
　この機能の1つは、行為者がその役割を果たすのに動機づけられたり、行為者がその価値パターンを維持していくこと。もう1つは、内部の緊張を処理するための機構を備えること。サブシステムとしては、一般的に文化とパーソナリティが該当する。

2. 福祉コミュニティのサブシステムへの適合
　ここで岡村重夫による理論を筆頭に、これまで類型化した福祉コミュニティの各論が取り上げた主要な機能をサブシステムとしてとらえ直す。そのうえで、これらの機能的要件をパーソンズのAGIL 4機能図式に適合させて、福祉コミュニティ形成に必要となる多系的な機能が連関するかたちを追究していく。

　A　適応の段階
　福祉コミュニティの形成は、まず事前評価によって福祉ニーズが把握され、次に地域診断でそのニーズの解消に向けての諸条件を分析する。そして緊急度の優先順位をつけた福祉ニーズから対処するが、まず公私のさまざまな社会資源を確保して、これらを整合させつつコミュニティへ適切に配分するのが課題となる。
　適応の段階での機能的要件は、福祉ニーズに対応する社会資源の確認と各対

象圏域における社会資源間の役割の調整、および新たな社会資源の開発プログラムの検討がサブシステムとして稼働することである。ここでのシステム確立の指標は、「福祉コミュニティに関連する下位セクター（部門）の整備」となり、隣接するアソシエーションとのネットワーク構築もこれに含まれる。

G　目標達成の段階

福祉コミュニティ形成の目標には、地域福祉としてのあるべき秩序を求めたり、必要な変革を達成する内容を含む。前者としては、適応の段階での課題—地域福祉の社会資源における役割の調整や新たな開発—を検討や計画する際に、住民や対象者の意志決定を生かすような、運営面での民主的な秩序や関係の確立が目標となる。後者では、ノーマライゼーションの理念の浸透や予防的福祉の推進など地域全体に関わる目標の設定、およびコミュニティにある既存の下位セクターの再構造化などが目標となる。

目標達成の段階では、地域福祉に関連する各種の協議会や公私協働の組織化などが課題となる。また自治を担うに足る住民の力量形成も求められる。このため上記の目標に沿った社会環境を整備する目的のプログラムが、サブシステムとして稼働することが機能的要件になる。システム確立の指標としては、「公私の協調関係の進展と変革の具現化」があげられる。

I　統合の段階

福祉コミュニティの形成に必要な統合には、地域福祉論で「地域組織化」[4]と称される内容が含まれる。それは地域社会で問題を抱える者が主体的に解決できるよう、次のような地域福祉を目標とする住民や当事者の参加の基盤づくりに取り組むことである。

　　①　高齢者や障害児者およびその家族などの当事者の組織化
　　②　校区福祉委員会や地区社協など活動の基盤組織の構築
　　③　一般の住民に対するボランティアの啓発や活動促進

そして住民参加には、地縁的なつながりを重視した〈組織的な参加〉と、脱地域的でシングル・イッシュー化の特性をもった〈新しい参加〉の2つの潮流があり、これらの相互の役割分担もしくは協働が求められる。

統合の段階での機能的要件は、上記のそれぞれに参加する個々人のアイデンティティを把握し、これらの参加者同士の交流や共通の目標達成に向けた連携を促進するために、コーディネートなどの調整機能がサブシステムとして稼働することである。ここでのシステム確立の指標は「参加の拠点の連携とコミュニケーションの促進」となる。またこの前提として、各々の当事者の福祉ニーズとコミュニティの特性（地域性、共同性、共通の絆）との整合が考慮され、それに適した参加のあり方が検討される。

L　型の維持と緊張処理の段階

福祉コミュニティにおける型の維持では、情報の収集と整理・提供、および社会教育や福祉教育の推進が課題となる。情報に関しては、情報公開の促進や広報活動の展開など、また福祉教育・社会教育に関しては、福祉ニーズの全容やそれに対応するボランタリーな活動の必要性の周知、マイノリティな当事者の自立への共感やこうした人々の人権に対する理解の浸透、およびそれらに関連するプログラムをサブシステムとして稼働することが機能的要件になる。ここでのシステムの確立の指標には、「問題の共有と共生への合意形成」がある。

もう一方の緊張処理におけるシステムの確立では、「アドボカシー実践の機構の確立」の指標があげられる。すでに自治体では地域福祉権利擁護事業や苦情解決の制度、また福祉オンブズマンなどのシステムが稼働している。しかしこれらのシステムがもつべき本質は、後述するソーシャルワーク・アドボカシー論が教えている。この理論の内容をふまえたうえで、上記のシステムに必要な機能的要件を検討しなければならない。

上述のように、岡村による概念をはじめ、〈分節化〉〈連接化〉〈基礎化〉〈アイデンティティ重視〉に類型化した福祉コミュニティの各論が主張する機能の要素は、おおよそAGIL 4機能図式に当てはめることが可能となる。これによ

り、福祉コミュニティ論が示している機能を網羅して配置した、社会システムとして多系的な機能をもつ福祉コミュニティ像が措定できる。

第3節 〈資源－活用システム〉の連関モデル

1. 過程の分析－プロセス・ゴールの設定

　中期から後期に至るパーソンズの研究においては、行為体系の位相運動の分析がAGIL 4機能図式によって追究された。この位相運動とは、システムが直面する機能的問題の解決をめぐって継起的に現れる循環過程を意味する。つまりある課題を解決する集団による遂行の場合、システムは時間の経過を追って、A→G→I→Lという位相運動を経るとされている[5]。

　AGIL 4機能図式を用いてパーソンズは、社会システムの活動もそのシステムの構成単位の機能も分析できるとみた。結果的にこの図式は、機能分析のパラダイムとして、またシステムとその構成単位との機能連関を分析する図式として、さらにはシステムの構造分化＝構造連関を描き出す枠組みとして普及した。このようにAGIL 4機能図式による機能分析は、構造分析と過程分析を貫く方法として確立したのである[6]。

　これまでの作業的定義の過程では、福祉コミュニティの機能をAGIL 4機能図式に当てはめただけで終わっている。すでに存在している福祉コミュニティの分析にこの図式を用いたのでなく、多系的な機能をもつ福祉コミュニティのかたちを得るために応用した。けれどもただ図式を利用して機能を納めただけでは、福祉コミュニティ形成のパラダイムとはなりえていない。

　AGIL 4機能図式について今田高俊は、「原因によって結果を説明する因果論とは異なり、目的因によって事象を説明することは結果論であり、実は何も説明しないことである」と批判する。そして今田は、機能論が次の条件を満たすことで本質的なものになると論じている[7]。

　① 機能要件の充足・不充足による説明を放棄し、目標達成の過程を扱うこ

と。
② 機能要件を説明の手段に用いるのではなく、システムが達成すべき成果として位置づけること。

そこでAGIL 4機能図式を用いながら、福祉コミュニティ形成の機能面における目標達成の過程を明らかにするために、CO論のタスク・ゴールとプロセス・ゴールを設定する。つまりこれまでA・G・I・Lに当てはめた福祉コミュニティの機能をタスク・ゴールとし、この間隔ごとに必須の取り組みとなるプロセス・ゴールを定めることで、福祉コミュニティの機能を連関させる構造を考えるのである。

(1) 固有の実践（A→G）
　適応（A）から目標達成（G）の間では、福祉ニーズに社会資源が適応するなかで、より明確な地域福祉の固有の実践、つまり具体的なコミュニティケアを推進することがプロセス・ゴールとなる。事前評価で得られた福祉ニーズのうち、量的なものから質的な（または少数派の）ものへ、そして緊急のニーズから包括的なシステムの確立へと、より微細なニーズに綿密な検討をした対処法で応ずることが求められる。換言すれば、福祉コミュニティのサブシステムが、当事者問題の固有性が強く出たニーズの細部にまで対応すること。そのために福祉コミュニティを機能的コミュニティとして高度化させることが、このプロセスでの課題となる。
　この時点においては、これまでの地域福祉実践の限界や閉塞感といった点も検証される。そこで新たな社会資源の開発の必要性や関連するネットワークなどの下位セクターの再構造化への課題の気づきがあり、本質的な公私関係や協働のあり方などが協議のテーマとなって、次の目標達成の段階へとつながる。

(2) 協調の確立（G→I）
　目標達成（G）から統合（I）の間では、いかに多様な協調関係をコミュニテ

ィで確立するかをプロセス・ゴールとして設定する。それは地域の諸問題の解決における住民参加や当事者の自立支援などに、適切な「場」を構えて実践の新たな流れを創っていくこと。または既存の組織（町内会や自治会など）に新たな課題を提起して実践の活性化を図ること、といったコミュニティワークの取り組みが有効となる。

　この時点においては、コミュニティの特性（地域性、共同性、共通の絆）の把握と、近年の〈新しい参加〉に集う人々のアイデンティティへの理解が求められる。たとえ1人からでも「場」は必要とされるが、そこから「拠点」へと発展させる可能性が協議されて、次の統合の段階へとつながる。

(3) 主体性の回復（I→L）

　統合（I）から型の維持と緊張処理（L）の間では、要援護者や社会的弱者の主体性の回復が図られることをプロセス・ゴールとして設定する。地域にさまざまな活動の拠点が統合されるに従って、差別や疎外されている人々の実態が住民にも認知されていく。そのうえで当事者に対するエンパワーメントの必要性が世論（各種の情報媒体を含む）にて喚起され、さらなる支援活動が展開されなければならない。

　この時点においては、要援護者や社会的弱者への差別や偏見、地域社会との皮相的な関係といった実情がコミュニティの構成員に自覚され、それを乗り越える努力が求められる。このためにソーシャルワーク・アドボカシーやソーシャル・アクションの諸技術を学んだり、これらの実践へ参加する機会、また関連する情報提供などが協議のテーマとなって、次の型の維持と緊張処理の段階へとつながる。

(4) ニーズの相対化（L→A）

　緊張処理（L）から適応（A）の間では、要援護者や社会的弱者の主体性が回復されるように社会環境が改善されるなかで、当事者の生活の向上を課題としてニーズの相対化が図られることをプロセス・ゴールとして設定する。そこでは、個人レベルでの生活問題に関心が移り、当事者にとって最適なケース

第7章 〈資源−活用システム〉の連関モデルの構想　131

```
┌─(A) 適　応──────── 固有の実践 ────────(G) 目標達成─┐
│                                                        │
│ ●関連する下位セクターの整備      ●公私の協調関係の進展と変革の具現化 │
│ ○事前評価によるニーズの把握      ○住民や対象者の意志決定の反映   │
│ ○社会資源の確保と配分            ○ノーマライゼーション理念の浸透 │
│ ○対象圏域における資源の調整      ○予防的福祉の推進              │
│ ○資源の開発プログラムの検討      ○既存の下位セクターの再構造化  │
│ ○福祉関連のアソシエーション      ○各種の協議会や公私協働の組織化│
│   の整備とそのネットワーク        ○分権・住民自治を担う住民の力量形成│
│                      ╭─────╮                        │
│                      │多系的な│                        │
│                      │福祉機能│                        │
│                      ╰─────╯                        │
│ ●問題の共有と共生への合意形成    ●参加の拠点の連携と            │
│ ○情報の収集と整理・提供            コミュニケーションの促進      │
│ ○情報の公開促進、広報活動        ○高齢者や障害者などの当事者の組織化│
│ ○社会教育・福祉教育の推進        ○地域社会での活動の基盤組織の構築│
│ ○ニーズと活動の必要性の周知      ○ボランティア活動の啓発や促進  │
│ ○当事者の自立への共感の拡充      ○〈組織的な参加〉と〈新しい参加〉の協働│
│ ●アドボカシー実践の機構の確立    ○参加者のアイデンティティの把握│
│ ○地域福祉権利擁護事業            ○参加の交流や連携を図る調整機能の確立│
│ ○苦情解決制度                                                  │
│ ○福祉オンブズマン                コミュニティの                │
│                                    地域性・共同性・共通の絆    │
│   ソーシャルワーク・アドボカシー                               │
└─(L) 型の維持・緊張処理── 主体性の回復 ────(I) 統　合──┘
```
← ニーズの相対化　　　　　　　　　　　　　　　　協調の確立 →

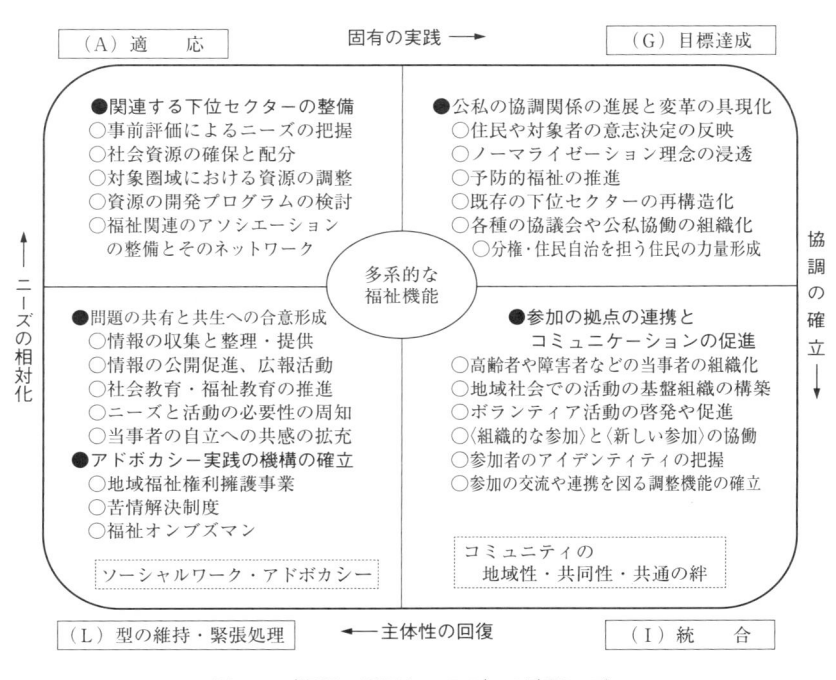

図7-2　〈資源−活用システム〉の連関モデル

マネジメントが該当する機関によって実践される。

　この時点においては、当事者のスティグマや生きがいの喪失といった問題はなかなか根絶できないのがコミュニティの構成員にも認識される一方、（ピュア）カウンセリングなどの相談者・相談機関の社会資源を拡充する努力が求められる。そこでまた当事者に共通する新たな福祉ニーズを発見すると、再び事前評価が行われる。このような創発性をもって、福祉コミュニティは機能面での新たな発展段階をめざして形成されていく。

　以上のようにして、AGIL 4 機能図式に当てはまる機能をタスク・ゴールとし、その途中にプロセス・ゴールを設定すれば、図7-2のような〈資源−活用システム〉の連関モデルが得られる。これは福祉コミュニティの機能主義の考え方を集約した規範パラダイムとなり、また福祉コミュニティの形成において機能面

を拡充する活動が持続可能な社会システムのあり方も示している。

2. AGIL 4機能図式に対する批判

　パーソンズのAGIL 4機能図式は、社会システムが4つの機能部門からなり、それぞれの部門の機能的な相互依存関係が、全体としてのシステムを形成し維持していると考える。システムの構造分化を描き出す有用なパラダイムとして、この理論は世界的に広まった。その一方で普遍的な一般理論としてのあり方に対して、あらゆる側面から理論的な検証がされ、数多い批判も受けた。

　批判のほこ先は、パーソンズが「社会化され過ぎた人間観」をもって役割期待をする点に向けられている[8]。この図式について下田直春は、「行為者の行為は、自己の行為も他者の行為も、すべて同じ構成要素からなるものであり、したがって自己と他者との相互行為も、自己の役割に対する他者の期待、他者の役割に対する自己の期待の関係として―つまり行為者相互の役割―期待の関係として―互酬的・相互交換的関係にあるものとしてしか把握されない」と批判した。さらに「社会的行為は、それがどのような社会的文脈のなかでの行為であるのか、どのような状況、どのような構造のなかでの行為であるのかによって、その意味は変わってくる」ともつけ加えている[9]。

　そのうえで下田は、「社会的行為は、それを単に行為者相互間での役割－期待の交換、機能交換による相互依存関係という文脈のなかで、境界維持システム（集合や組織といった諸集合体）のなかでの行為としてだけ見るのではなく、またそれを単に行為者の意識している動機や意図、目的といった行為者の主観的意味付けによってだけ見るのではなく、そのような行為を引き起こしている客観的理由を、―すなわちその行為を誘発している客観性を―社会のマクロな構造的特性との関連において解明しなければならない」と論じている。ただしそれは、人間の社会的行為が一方的に社会の構造によって規定され、拘束されていると把握するものではない。そうではなくて、日常的行為の実践であっても、それは単に共在する行為者間の関係にとどまらず、行為者がさまざまな情報を通しての「知識」に基づき、社会の全体的な構造的特性と結びついている点を重視する考え方であると、下田は注釈している[10]。

こうした下田の指摘は、岡村重夫が地域福祉においてもコミュニティ創造は意味あるものとし、それは「しばしば機能的社会や近隣社会から疎外され、仲間はずれにされやすい特定少数者を対等の隣人として受容し、支持するというところにある」ととらえた問題を考えるうえで重要となる。なぜなら〈資源－活用システム〉の連関モデルだけでは、目的合理的な住民参加ばかりに目が向き、諸権利が侵害された当事者の主体的な活動の意味を十分に見いだせないからである。ここでいう「意味」とは、日常生活の経験や行為のなかから一定の内容を選択させるように、個々人に迫るものを指している。

　福祉コミュニティを機能面だけの成果志向的な形成で完結させてはいけない。「部分の総和以上」のものであるコミュニティにて、個々人の社会関係を基礎とした福祉コミュニティの形成も必要である。そこで次章では、社会の全体的な構造的特性と結びついた当事者個々による実践の日常的な知識の蓄積から、人々に意味が共有されて社会システムとして構成されていくかたちの福祉コミュニティの形成を考察する。

【注】
1）John E.Tropman, "Community Needs Assessment," in Richard L.Edwards et al.eds., Ency- clopedia of Social Work(19th ed.), NASW PRESS, 1995, pp.563-567.
2）J.E.Tropman, ibid., pp.567-568.
3）パーソンズの社会システム論については、友枝敏雄「パーソンズの遺産」徳永恂・鈴木広編『現代社会学群像』（恒星社厚生閣、1990年）3～20頁、および友枝敏雄『モダンの終焉と秩序形成』（有斐閣、1998年）の第3章「システムとしての社会」などを中心に参照した。
4）本書では、全社協が提案した組織化活動を「地域組織化」と「福祉組織化」に区分する概念を意図的に用いていない。それは岡村重夫による組織化論との混同を避けるためである。第2章の注12）を参照。
5）高城和義『パーソンズの理論体系』日本評論社、1986年、178頁。
6）高城、同前、184～185頁。
7）今田高俊『意味の文明学序説』東京大学出版会、2001年、61～62頁。
8）千石好郎『「近代」との対決』法律文化社、1999年、142～144頁。
9）下田直春『社会理論と社会的現実』新泉社、1994年、56～57頁。
10）下田、同前、58頁。

第8章
〈自立―擁護システム〉連関モデルの構想

◆◆◆

　社会的弱者に対する疎外や差別などの問題には、地域福祉でも正面から取り組まないといけない。近年そういった状況は、引きこもりや虐待などで顕著化もしている。これらの問題に対処するため岡村重夫が、福祉コミュニティの概念とともに、望ましい地域社会構造や社会関係を作り出す一般的地域組織化の必要性を提起したのは再三にわたり取り上げた。しかし地域福祉の論議はその後、高齢社会に対応できる機能の充実について傾注し、上記の課題は幾分か後回しにされた感がある。

　第5章で示した、福祉コミュニティの新たな視角となる〈アイデンティティ重視〉論は、アドボカシーの意義を地域で生活する人々が各自の主観的な内面に絶えず問い返しながら、福祉コミュニティ形成の実践を図るなかで具体化するのを目標とする。そこでは、個々の当事者や住民が自立や権利擁護に関与する価値観をもち、なすべき行動を自己決定して社会化することが強調される。

第1節　社会福祉基礎構造改革と権利擁護の課題

1．社会福祉基礎構造改革の方向性

　1997（平成9）年12月に成立した介護保険法は、社会保険制度の導入とともに、高齢者介護に関するサービス提供のシステムの理念を「措置から契約へ」と転換させた。同法の施行では高齢者を自立した存在としてとらえ、高齢者自身が必要とするサービスを選択するのを前提としている。

　これに先立って1997年の8月から、厚生省社会・援護局長の私的諮問機関として「社会福祉事業等の在り方に関する検討会」が組織されたのを機に、社会福祉基礎構造改革が始まっている。翌年の9月に厚生省社会・援護局長の炭谷茂は、社会福祉基礎構造改革の課題として次の3点をあげた[1]。

① これまでの社会福祉には人権という視点が欠けており、利用者本位の制度となっていなかった。つまり措置制度では利用者の選択権も請求権もなかった。これを契約制度に移行することで、個人の尊厳・自己決定・自己実現・選択という社会福祉の基本的な価値が初めて実現できる。

② 福祉の供給システムとして、良質で選択の幅を広げた福祉の供給体制を充実させるシステムをつくる。

③ 地域福祉を確立する。地域福祉計画を策定し、福祉に携わる職員の専門性を高め、社協を住民の機関として社会福祉の核にする。

　実際の基礎構造改革もこの3点の方向で進められ、従来の社会福祉法人などのサービス提供体制と、各種規制や助成などのあり方の改革が中心課題となった。そこでは公的介護保険と同じあり方をもって、生活保護などの一部を除いて老人福祉以外の社会福祉領域を利用制度化することに意見が集約された。さらに2000（平成12）年4月に施行した民法の成年後見制度では、身上監護への配慮義務が規定された。そこでは法的に、身体的・精神的なケアが必要な被後見人の福祉面を考慮している。

　こうした改革が進むなかで、自分でサービスを利用できない痴呆性高齢者な

どを、厳格な手続きを要することなく、いかに擁護できるかという課題が浮上する。結果として2000（平成12）年5月に施行した社会福祉法においては、サービス利用者の利益を保護する地域福祉権利擁護制度と苦情解決制度の導入が決定した。両制度ではサービス利用者の主体的な参加が求められ、前者では厚生省が当事者組織の参入の期待を表明している[2]。後者でも、都道府県社協に設置される運営適正化委員会の業務が公正・中立に行われるよう、利用者の代表を苦情解決担当委員に選任することが、同法における衆議院厚生委員会の附帯決議に盛り込まれた。

2. 権利擁護と社協活動の変遷

　上記の一連の経過では、さまざまな問題点が露呈している。ここでは主に2つの点を取り上げる。1つ目は、権利擁護の役割を社協が担うとした経緯である。先の社会福祉事業等の在り方に関する検討会に続く、中央社会福祉審議会に置かれた社会福祉基礎構造改革分科会の第7回の会合（1998年3月5日）は、社協の現状が議事となった。そこでは民間の幅広い福祉事業への参入を審議するなかで、市区町村社協活動のレベルの不均衡や受託事業のあり方などが問題視された。全体としては社協の事業が固定化し、地域全体の福祉課題へ関与する力量に不足しているとの意見が目立ち、全国一律的な事業型社協への指導を批判する委員もいた[3]。

　これらの意見が反映され、社協活動におけるサービス供給の強化の方向が見直された。1998（平成10）年に同分科会が出した報告書『社会福祉基礎構造改革について（中間まとめ）』では、新たな役割として住民組織やボランティア組織の連携強化などの組織化活動と、サービス利用者の選択の援助が掲げられた。これにともなって社会福祉法の成立に先がけ、地域福祉権利擁護事業が国庫補助事業として開始された。福祉サービスの利用援助などの相談窓口を設ける同事業の実施主体は、社協が担うことになった。

　こうした活動方針の転換は、いかに地域福祉が政策の影響下にあるのかを物語っている。地域福祉権利擁護事業において求められる役割と責任とは、判断能力の不十分な痴呆性高齢者への福祉サービスの利用援助といった限定的な対

応から始まり、社会福祉法の第4条が規定する「福祉サービスを必要とする地域住民が地域社会を構成する一員として日常生活を営み、社会、経済、文化その他あらゆる分野の活動に参加する機会が与えられる」ように、要援護者の包括的な権利擁護まで至っている。それは相当な組織化活動の蓄積がないと実現不可能なタスク・ゴールといえる。

けれども1980年代から社協は、組織化活動とサービス供給の両立に苦渋するなかで、効果の可視的なサービス供給に重心を移し、必要な体制を維持し続けてきた。その代償として、市区町村社協は行政からの補助金よりも委託事業費の方が多い硬直した財源構造を抱え、全般的にコミュニティワークの能力を低下させた。社会福祉基礎構造改革の論議のなかでは、こうした内実が総括されていない。

3. 権利擁護のシステムとアドボカシー

措置制度（行政制度）から契約型福祉（市場福祉）への移行は、利用者（消費者）の意向をより反映させるといわれている。そのうえで、自らサービスを利用できない痴呆性高齢者などの存在を認め、こうした人々の権利擁護のために、サービス利用の援助システムが構築された。地域福祉権利擁護事業の創設に関与した寺谷隆子は、同事業が「たとえ判断する力が不十分であっても、適切な機会さえあれば自分で選んで決めることができるというセルフ・アドボカシーを中核とし、潜在する力への信頼と可能性をもつ人としてとらえ弁護する、アドボカシーのエンパワーメント支援」[4]になると述べている。これはあくまで、地域福祉権利擁護事業を1つの社会システムとしてとらえた範囲内での評価にとどまる。

このような社会システムとして稼働する権利擁護の活動には、もっと厳密な評価が必要となる。それが2つ目の問題点としてある。この点に関して岩間伸之は、社会システムで強調された権利擁護には、ソーシャルワークとの接点から看過できない、以下の論点があるとしている[5]。

① 権利擁護のための制度上の仕組みが整うことと、個別の利用者の権利が

擁護されることとは、別次元の話である。
② 社会福祉基礎構造改革のなかで使われている「権利擁護」は、きわめて限定的な「権利擁護」にすぎない。
③ 社会福祉基礎構造改革にともなって強調されている「アドボカシー」は、必ずしもソーシャルワークを土台として議論されているものではない。
④ 「苦情処理」において、何か苦情があれば第三者機関に訴えるということが単純化して広まれば、社会福祉援助の本質を変質させてしまう危険性がある。

概して日本では、アドボカシー理論の十分な解釈よりも権利擁護の制度システムの整備の方が先行した。そうしたシステムは、一定の「中立」の立場を堅持しがちであるが、次節で述べるソーシャルワーク・アドボカシーの理論は、利用者（クライエント）の側に立つことを明確にしている。

第2節 アドボカシーの理論とその実践の次元

1. ソーシャルワーク・アドボカシーの区分

ソーシャルワークの理論のなかに、アドボカシーが専門的機能として位置づけられたのは、1968年にＮＡＳＷ（全米ソーシャルワーカー協会）が「アドボカシーに関する特別委員会」を設置し、翌年に同委員会が報告書『弁護者としてのソーシャルワーカー：社会的犠牲者への擁護者』を刊行した後である。この背景には、1960年代のアメリカでの貧困・人種差別・都市問題などの社会問題の顕在化があった。

近年のソーシャルワーク・アドボカシー研究では、アドボカシーの対象に準じて一定の枠組みを確定したうえで論じる傾向にある。最も一般的な区分は、ミクロの範疇に入るケース・アドボカシー（Case Advocacy）とマクロの範疇に入るクラス・アドボカシー（Class Advocacy）であると思われる。

ミケルソン（Mickelson,J.S.）は、アドボカシーを「社会正義を保障または獲

得する目的をもって、一人またはそれ以上の個人やグループ、そしてコミュニティのために、一連の行動（action）を直接的に代表したり、防御したり、介入したり、支援したり、または推奨する行為（act）である」[6]と定義した。そしてケース・アドボカシーがクライエントと環境の相互作用への働きかけに関係し、クラス・アドボカシーは社会政策を通しての環境を変革する介入に関係するとしている。さらに個人と環境に取り組むソーシャルワーカーには、ミクロとマクロの両方の技術が求められると論じている[7]。

イーゼル（Ezell, M.）は、ケースとクラスのアドボカシーに加えて、内部アドボカシー（Internal Advocacy）と外部アドボカシー（External Advocacy）を基礎的な枠組みにあげている。内部アドボカシーとは、機関の政策や実践の変革を目的として、その機関の雇用者が行うものである。具体的には、組織の状況や実践に支障を及ぼす要因を取り除く努力、またサービスの効果性を向上させるために、機関の政策を変革する取り組みなどがある。一方の外部アドボカシーは、別の機関などに雇用されているアドボケイト（権利擁護者）が、ある機関の変革を求める働きを指している。ただしアドボケイトがいる機関と変革の対象の機関が連携していれば、これは内部アドボカシーとなる[8]。

以上の枠組みのなかにイーゼルは、次のようなさらに細かく類型化されたアドボカシーがあると指摘している[9]。

① システムズ・アドボカシー（Systems Advocacy）
② 政策へのアドボカシー（Policy Advocacy）
③ 行政へのアドボカシー（Political Advocacy）
④ セルフ・アドボカシー（Self Advocacy）
⑤ 臨床アドボカシー（Clinical Advocacy）
⑥ 直接サービスへのアドボカシー（Direct Service Advocacy）
⑦ 市民アドボカシー（Citizen Advocacy）
⑧ 法的な専門のアドボカシー（Legal Advocacy）
⑨ 議会へのアドボカシー（Legislative Advocacy）
⑩ コミュニティ・アドボカシー（Community Advocacy）

上記のなかには、相互に互換性をもって解釈されるアドボカシーもあるので、イーゼルは用語を整理するべきであるとも述べている。このためイーゼルは、まずアドボカシーの概念を「特定に存在しているもしくは提案された政策や実践を、特定のクライエントやクライエント・グループのために（またはともに）変革する、そうした目的に適った努力からなるもの」と定義した。そのうえで明確な変革の戦略と戦術のガイドラインを示すことが可能なアドボカシー実践として、以下の4つをあげている[10]。

① クライエントがサービス供給を受けている機関に働きかける「機関へのアドボカシー」（Agency Advocacy）
② 州レベルから地方レベルまでの議会に働きかける「議会へのアドボカシー」
③ 弁護士の協力を得て訴訟を起こし、クライエントを弁護する技術を展開する「法的な専門のアドボカシー」
④ コミュニティ教育（社会教育）や地域のメディアを駆使したり、あるいは直接住民に働きかける「コミュニティ・アドボカシー」

このようにソーシャルワーク・アドボカシーの研究は、まず大きな枠組みを設定したうえで、次第に対象ごとに理論が細分化されていった。それが今日の動向として、戦略上においてまとまりをつけるために、理論が再構成されつつある。これからの研究では、効果的なアドボカシー実践を種類ごとに分類し、それらをいかなる状況下にある対象に、どのように展開させるのかという戦略の構想が課題となっている。

2. アドボカシー実践の次元

上記の研究に対して、シュナイダー（Schneider,R.L.）とレスター（Lester,L.）は、既存の90を超えるアドボカシーの定義を分析し、これに基づいて普遍的に鍵となるアドボカシー実践を11の次元に分類した。彼らが「次元」（Dimension）と規定したのは、アドボカシー実践がもつべき「幅」をとらえよ

うとしたともいえる。もはや2人はアドボカシーという語を包括的に用いてはいない。そうではなくアドボカシー実践は、クライエントの生活改善のために、特定の場面での確立した活動であると主張する。

　シュナイダーとレスターは、こうしたアドボカシー実践を次元としてまとめ、各々の次元にソーシャルワーカーが精通すべきであると強調する。そして、そこからアドボカシーの戦略と戦術が導き出せると論じている[11]。それゆえ次に、彼らが11の次元に分類し、集約した既存のアドボカシーの定義がいかなる内容を示しているのかをみてみたい。各次元での共通項を筆者が再整理したのが表8-1である[12]。

表8-1　アドボガシー実践の11の次元とその内容

1）代わって申し立てたり、話す（Pleading or speaking on behalf of）
　最も辞書的な意味として述べられるアドボカシーの考え方である。全米ソーシャルワーカー協会のアドボカシー特別委員会は、「別の人の主張を申し立てる人」としてのアドボケイトを最大の強調点の1つとしている。

2）他の人を代表する（Representing another）
　この次元は、決定者や権威の前において、アドボケイト自身と別の個人やグループの代表との関係を定義している。ここでのアドボケイトの役割は、別の個人（クライエント）やグループの利益や福祉を代表する（支持する）ことを果たす者である。

3）行動を起こす（Taking action）
　多くの定義において、アドボカシーは行動と結びついている。「行動」の意味は幅広いが、アドボカシーとしては、人の権利を守ったり、個人やコミュニティを力づけたり、主張において人の信念を支持したりすることが該当する。

4）変革を促進する（Promoting change）
　ここでのアドボカシーは、困難な状況にある個人（クライエント）やグループ、または特定の階層に対する支援のために、社会やコミュニティを変革することを含意している。「変革」の対象となるものは、クライエントに不利益を与える社会環境・社会制度・社会システム・政治・法律などである。

5）利益や権利を得る（Accessing rights and benefits）
　この次元では、クライエントがサービス・資格・利益、そして彼らが法的に要求をもつことへの権利を得るのを促進するものとして、アドボカシーが特徴づけられている。そしてクライエントが得るべき利益や権利を確実にする責任が、アドボケイトには求められるとされる。

6）味方として助ける（Serving as a partisan）
　この次元では、個人やグループの「味方」、情熱的な擁護者、もしくは支持者としてのアドボケイトの役割が強調される。つまりクライエントの味方となって、必要とするサービスを獲得・強化したり、社会的な争いにおいてクライエントの側に立つことを役割として意識している。

7）影響力と政治的な技術を示す（Demonstrating influence and political skills）
　アドボカシーは、政治的なプロセスや権威者・決定権者に影響を及ぼす試みとしても位置づけられる。そこでアドボケイトは、クライエントの権利や利益のために、影響力を行使したり、政治的な戦術者としての役割を遂行することが強調される。

8）社会的な正義を確保する（Securing social justice）
　アドボカシーの定義においては、社会的な正義や不正義への言及が頻繁にされる。そこでは社会に存在する差別や不公正からクライエントの権利や利益を確保すること、そして社会的な平等や正義を達成することが強調される。

9）クライエントを力づける（Empowering clients）
　エンパワーメントと自己表現は、アドボケイトの重要なキー概念となっている。ここでアドボカシーは、個人（クライエント）やコミュニティをエンパワーメントしたり、そうした権利を擁護したりする行動として強調される。

10）クライエントと同一化する（Identifying with the client）
　この次元では、アドボケイトが心からクライエントのために明確な行動をすることが強調される。それは困難な状況にある個人（クライエント）と同一化して、権利や正義を獲得するアドボカシーの実践となる。

11）法的な基礎を用いる（Using a legal basis）
　この次元では、クライエントの実質的な権利を守るために、ソーシャルワーカーが法的なプロセスに関与することが強調される。それは個人（クライエント）やグループまたは特定の階層のために、法律・政策や実践に影響を与えて、それを変革するようなアドボカシーの実践である。

　こうした11の実践の次元を踏まえ、シュナイダーとレスターはソーシャルワーク・アドボカシーを「公開討論でのクライエントやその言い分の唯一で相互の表現であり、不正なもしくは反応しない組織の意思決定に対し、体系的な影響を与える試みである」[13]と定義づけている。
　以上で明らかなように、ソーシャルワーク・アドボカシーは、ワーカーがクライエントと機関を仲介して弁護する機能から、クライエントの側に立って制度を

変革する弁護の機能へと、マクロ的なアプローチを広げている。そうしたなかでシュナイダーとレスターは、アドボカシーをソーシャル・アクションの1つの形式とする考え方を支持している。この点を論者によっては、たとえば影響、システムレベルでの変革、システム的な適用、そして権力や正義の問題といったソーシャル・アクションの概念の重要な要素の大半を、アドボカシーが具体化するとも主張している[14]。

またシュナイダーとレスターは、アドボカシー実践がソーシャル・アクションの一形式であることをふまえて、前述したロスマンのコミュニティ・インターベンションの考え方を支持しており、アドボカシーの実践としてのソーシャル・アクションの展開でも、コミュニティの組織化が必要不可欠である点に注意を促している[15]。

第3節　権利擁護に関連する他のアプローチ

1. オンブズマンの現況と課題

ソーシャルワーク・アドボカシーの理論はマクロ的な広がりを示しながら、法的な手段も含めて広範なアプローチを展開しようとしている。そのため現状においては、権利擁護に関連する他のアプローチの有効性も検証しておくことが肝要となる。

行政学に属する権利擁護の考え方としては、オンブズマンと行政手続がある。スウェーデン語で「代理人」を意味するオンブズマンは、1809年にスウェーデンが民主憲法を制定した際、国会が市民からの苦情を調査するために、国会独自の職員（Justitie Ombudsman）を任命したのが制度の始まりである[16]。

このオンブズマンの現況については、松下圭一が次のような類別をしている[17]。

① 市民オンブズマン（市民活動型）と制度オンブズマン（法制権限型）
② 一般オンブズマンと専門オンブズマン

③　国レベルのオンブズマンと自治体レベルのオンブズマン
④　議会型オンブズマンと行政型オンブズマン

　日本の自治体においては、1990（平成2）年に川崎市が市民オンブズマン条例を制定したのを機に、全国的な広がりをみせた。福祉を専門とするオンブズマンも、1990年に東京都中野区が福祉サービス苦情調整委員を設置したのをはじめ、いくつかの先進自治体が福祉オンブズマンを制度化した。
　こうしたオンブズマンについてはさまざまな先行研究があるが、権利擁護の側面からみると次の2点が問題になると思われる。

①　オンブズマンの活動は、各種のサービスの責任性や妥当性など、「出口（＝結果）」のあり方を問うものであるため、福祉サービスを受ける当事者には、入口となるサービスの手続上の不備を問える体制も必要である。
②　オンブズマンの活動には、問題に対して調査や勧告などを的確・厳密に行う専門性とともに、幅広く問題を抽出して対処できる体制も必要である。

　上記の問題に対処するために、行政手続法に関係する課題と、当事者と法律の専門職などがそうした協働を進めていくADRの理論を取り上げる。

2. 行政手続法の内容と条例化の課題

　地方自治法による監査請求や住民訴訟は、行政施策の結果を問うのを目的とするだけで、行政計画に対しては監視ができず、訴訟の対象にもならない。しかし1994（平成6）年に施行された行政手続法は、行政指導・許認可審査・免許取消処分などの行政手続を透明化できる法律となった。
　同法の理念は、アメリカ合衆国憲法が「何人も法の適正な手続なしに生命、自由、財産を侵害されない」（修正5条及び14条）と規定した趣旨を模範としている。アメリカ国民の権利自由に制限を加えて義務を課すような不利益処分においては、法の適正な手続に基づいて不利益を受ける相手方へ事前に知らせるとともに、相手に自己の権利利益を守る意見を述べさせて、証拠提出の機会を

保障することを義務づけている。

　戦後の日本の法治行政は、行政行為が根拠となる法律に一致しているのを説明するだけで、英米法で「適正手続の原理（due process of law）」と呼ばれる行政手続を規律する点が遅れていた。ようやく1970年代になって、行政行為を一連の過程としてとらえる行政過程論が導入され、適正手続の原理を追究する理論的な素地を得て、違法な行政に対する救済法の整備が検討され始めた。また1973年に制定された西ドイツの行政手続法の影響を受け、法の規律から免れた行政行為が社会の特定の利益しか反映しない問題を、事前の段階で察知して是正することが必要であるとの認識が深まった[18]。

　しかしながら、成立した日本の行政手続法は、必要最小限度の行政処分手続と行政指導手続だけに絞り込まれた。行政が担う立法過程に国民の意見を直接反映させるために、行政立法の制定手続に国民各層の利益代表者による意見陳述の機会を設定することや、公共施設の設置や公共事業の実施などにあたり、利害関係者の手続的権利を保障する計画策定の手続に関しては見送られた。

　田村和之は、社会福祉の行政分野で手続の整備が要請されており、もっと自治体が手続の過程の課題に取り組むべきであると主張する。複雑な制度に基づく福祉サービスを住民が受給の請求・申請をする際には、前段階で担当する関係機関の裁量に委ねるだけでなく、公正な相談が確保できる手続規定が必要であると論じている[19]。

　こうした手続を支援するものとして、成年後見制度や地域福祉権利擁護事業があるとされる。けれどもこれらはまだ住民自治の価値基準としては確立していない。福祉サービス事業者と利用者が真に対等な関係を確立するためには、住民自治の原理をサービスの利用においても十分に裏づけし、事業の実施機関ならびにそれを監督する機関の説明責任（accountability）の果たし方を明確にさせる必要がある。

　そのために、行政手続法第38条「規定の趣旨にのっとり、行政運営における公正の確保と透明性の向上を図る」に従って、諸サービスから当事者が十分に受益できるように行政手続条例を制定する方途がある。国の手続法以上のルールを作り出す「上づみ条例」を制定することは、憲法第92条の地方自治の本旨

にも則ている[20]。たとえ利用者がサービスを選ぶ主体であり、その選択が社会システムにより支援されるといっても、手続上の不備などから利用者の生活が侵害されない権利を保障しなければならない。

3. ＡＤＲ理論に基づいたアドボカシー実践の検討

社会福祉法第85条では、運営適正委員会が福祉サービスでの苦情に対応し、解決のあっせんを行うことを規定している。しかし問題は、こうした苦情解決制度が事業運営の公正と透明化まで踏み込めるかにある。もしそれが不十分であると判断されれば、福祉当事者が法律の専門職や市民オンブズマンと協働して、制度変革的な目的をもった活動を開拓する方途が求められる。

そうした実践の考え方として、ＡＤＲ（Alternative Dispute Resolution：代替的紛争解決）の理論がある。ＡＤＲには複数の定義があるが、ここで必要となるＡＤＲとは、「訴訟や非訟を含む裁判手続とは別建ての手続であるところの、仲裁、裁定、調停、あっせんなどの手法により紛争を解決する当事者の意志に基づく任意的方法」[21]である。依然として福祉行政に関しては要綱や通知が次々と出され、関連する制度が複雑を極めているなかで、利用者の問題解決の能力向上を図ることが急務となっている。オンブズマン自体の活動もＡＤＲの1つと解釈できるものであるが、今後はソーシャルワーク・アドボカシーの実践として、福祉制度の手続における正当性を求めていく活動を、ＡＤＲの方法に基づくかたちでも検討される状況にあるといえよう。

第4節　現象学的社会学の応用の試み

本節では、これまで述べてきた権利擁護の考え方を、福祉コミュニティの形成に織り込んでいく試論を展開する。ここで取り組むべき課題は、自立を志向する福祉当事者のアイデンティティを把握したうえで、ソーシャルワーク・アドボカシーなどの理論を福祉コミュニティの形成へ適合させることである。前章では、包括的な機能をもつ社会システムとして〈資源−活用システム〉の連関モ

デルを構想し、福祉コミュニティ形成のパラダイムとした。これに並置する2つ目のパラダイムとして、上記の課題をとらえた〈自立－擁護システム〉の連関モデルを構想する。

1．主観的な解釈の必要性

　この〈自立－擁護システム〉の連関モデルでは、当事者の自立を目標にしてきた地域福祉の組織化活動の実績とソーシャルワーク・アドボカシーの理論との整合が基本的な構造となる。さらに、20世紀末に地方分権一括法・情報公開制度・NPO法などが次々と制定されて市民社会のインフラとなり、硬軟さまざまな市民運動や市民活動が盛行している点も考慮される。身近な生活問題を解決するために、こうした諸活動も問題提起だけに終始せず、相互の連絡調整を図って市民立法による具体的な政策の実現に向けて歩んでいる。これからの地域福祉も要援護者を個として疎外させず、さらに少数者のスティグマなどの実相を見落とさないために、このような市民の諸活動が生む成果も経験的な知識として組み込む作業が求められる。

　けれどもそうした活動の志向性（＝前向きさ）は、いかに認識すればよいのか。1990年代からの地域福祉における〈新しい参加〉には、独自の特性があると分析した。ここではそれらの活動が、社会を変革する意欲を生成している点に注視する。地域福祉論は個人の主体性を中心テーマとしてきたが、活動の展開のなかで「～したい」という主観的な意味を解釈した論考は少ない。そこで地域福祉活動の内発的な発展を主観的な視点でとらえるために、再び理論社会学の理論の適用を試みる。用いる道具的理論は、フッサール（Husserl, E.）による現象学を基礎して発展させた、シュッツ（Schutz, A.）を始祖とする現象学的社会学である。

2．2通りの「行動」の動機

　現象学的社会学は日常の生活世界を対象とし、人々によって共有された常識的な知識を問題とする社会学の「一分野」である。それは1960年代までの主流であったパーソンズなどの規範的な機能主義のパラダイムを批判し、行為者の観

点に立った主観的な意味づけを図って、解釈的な主観主義のパラダイムを示した。

この現象学的社会学をなぜ福祉コミュニティ形成に参照するのかといえば、「人が、意図的にであれ、習慣的にであれ、有意味な行為を行うということ、つまり、人が達成すべき目的に導かれたり、なんらかの経験によって動機づけられたりすることはどのようにして可能だろうか」[22]という関心をもって、人間生活の日常性に問いかけるためである。西原和久もシュッツが現象学的社会学を確立して注目を浴びたのは、「主体性ないし主観性」と「日常性」の2点に着目したからであると述べている[23]。

シュッツは、「行動」（conduct）を自発的生に由来する有意味な経験であるとし、「行為」（action）を前もって頭のなかで考えられた行動であると定義した[24]。そのうえでシュッツは、行為はしばしば動機づけられた行動と呼ばれているが、本来「動機」という語には、次の区別すべき2つの概念内容を含むと指摘する。

① 目的動機（in-order-to motive）
　　行為者が彼の計画のなかであらかじめ想定した未来の事態を、自己の行為によってもたらそうとする動機
② 理由動機（because motive）
　　行為者の観点からみて、彼にその行為を決定せしめた過去の経験に関する動機

そしてシュッツは、目的動機が主観的なカテゴリーであるのに対して、理由動機は客観的なカテゴリーであると判断した[25]。こうしてパーソンズの社会システム論が示してきた「過社会化された」受動的な人間像ではなく、日常生活の過去から未来を見つめて、自らの人生を切り拓いていく主体的な人間像をシュッツは浮き彫りにした。その一方で主体性や日常性の重視から、同時にこれらを成立させる社会的なもの、つまり相互主観的なものとの関係へと関心を広げていった。

以上からシュッツによる現象学的社会学のアプローチは、次の2点を重視する

ものと理解できる。
　①　人の主体性／主観性の生成のプロセスを問う。
　②　そのなかで必然的に出会わざるを得ない、相互主観的事態に着目する。

　このような視点をもって現象学的社会学は、日常の生活世界を対象として、人々によって共有された常識的知識を扱っていくのである。

3.　バーガーとルックマンの『日常世界の構成』

　シュッツの弟子であるバーガー（Berger, P.L.）とルックマン（Luckmann, T.）は、相互主観性に着目した人間関係の発展を知識社会学の新しい理論に発展させた。彼らの共著『日常世界の構成』（1966年）では、現象学的社会学の視点から「客観的現実としての社会」と「主観的現実としての社会」の2つの側面を通して、社会の構成を整理している。これらは同時に存在するため、社会を理論的に正しく理解するには、この両側面を同時に押さえなければならない。

　その結果、2つの側面で認識される社会は、〈外化〉〈客観化〉〈内在化〉の契機からなる不断の弁証法的過程として理解したときに、正しく把握できると判断された[26]。バーガーとルックマンがとらえた3つの契機の内容は、次のように要約される。

　①　外　化：人間がその願望や意図を共同生活の場で実現していこうとする
　　　　　　　過程
　②　客観化：ひとたび実現され、あるいは変形を加えられた共同生活世界が、
　　　　　　　個人に対して外的で規範的な現実に転化する過程
　③　内在化：客観化された世界が人間の主観的意識構造に転化される過程、
　　　　　　　つまり社会が人間のアイデンティティ形成に関与する過程

　主観的な意味世界が外化され、外化された諸活動は客観的現実として客観化する。客観化されたものは制度として正当化され、個人に内在化されて主観的現実となる。そうした弁証法的過程の図式のなかで、バーガーとルックマンは、

制度化・正当化・社会化・アイデンティティ形成にも概念的な考察をし、共同社会の諸現象を説明した[27]。

第5節 〈自立－擁護システム〉の連関モデル

1. 人間が社会化する弁証法図式

　バーガーとルックマンは人間の社会化の契機を3つに定めたが、下田直春は1つの現実が関わる人々に認識され、言葉によって対象化される契機もあるとみた。そしてバーガーとルックマンの弁証法的過程の図式に、意味が与えられて客観化される前提となる〈対象化〉を契機として加え、社会科学的認識の弁証法的発展のサイクルとして再構成した（図8-1）。この図について下田は、「人間の行為によって不断に外化されるものが必ずしも常識化された伝統的なものばかりではなく、人間の自発的創造性による外化も常に存在するということ、そしてこれもまた対象化され客観化され内在化されていくということ、したがってその

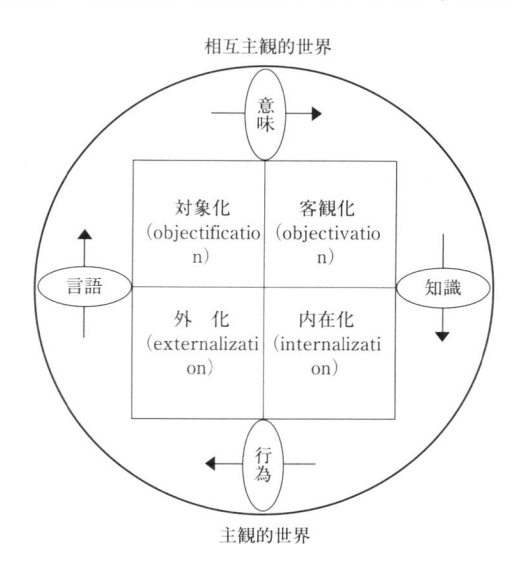

図8-1　社会科学的認識のサイクル
出典）下田直春『社会学的思考の基礎』新泉社、1987年、153頁。

サイクルは人間の自発的行為によって一種の螺旋型的進化をとげていくものである」[28]と説明している。

飯田剛史は、バーガーとルックマンの弁証法的過程を批判的に修正している。つまり2人は、人間が社会によって一定の役割をもつ成員として形成されていく過程と固有の主観的世界が展開していく過程を示しても、主観的世界が自律化する局面を十分に論じていないと主張する。そこで飯田は、内化の概念を客観的世界の内化の局面に限定し、自律的に発達する人格やアイデンティティの展開については、独立した「主体化」の概念を加える弁証法図式（図8-2）を提起している[29]。

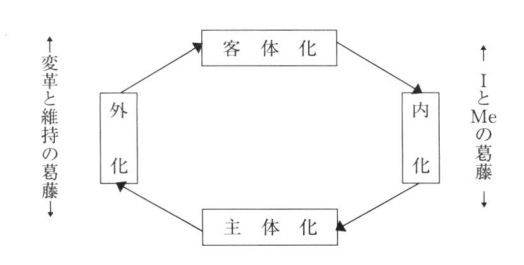

図8-2　人間と社会の弁証法図式
出典）中久郎編『現代社会学の諸理論』世界思想社、1990年、104頁。

以上のように現象学的社会学の研究では、人間の主体性の主観的な側面をとらえ、それが社会との関わりとともに発展していく局面が図式化されている。これらの図式を参照しながら、地域福祉の組織化活動とソーシャルワーク・アドボカシーの内容を目的動機として再解釈し、それが弁証法的に連関するモデルを構想する。

2. 組織化活動とアドボカシーへの適合

地域福祉の組織化活動は住民の主体性を尊重し、福祉当事者の自立を目標として実践してきた。こうした組織化活動について、主観的な視点をもって重要な局面をとらえ、その局面ごとにソーシャルワーク・アドボカシー理論の内容も加えて、タスク・ゴールとして配置する。この配置において、4つの局面がある

弁証法図式を適用するのであるが、既述した下田と飯田の図式のうち、地域福祉論が住民の主体性を重視してきたのを鑑み、〈主体化〉の局面がある飯田の図式をより参考にする。

　バーガーとルックマンは、個人が初めて社会の成員になる「第一次的社会化」について、〈内在化〉を出発点とする弁証法過程への参加であると論じている。この〈内在化〉とは、客観的な出来事が意味を表している点への直接的な理解や解釈である。さらにそれは、「自分の周りにいる人々を理解する」「世界を有意味的であると同時に社会的でもある1つの現実として理解する」[30]ための基礎となる。

　こうした論理に従って、要援護者の自立支援と権利擁護のなすべき取り組みを、〈内在化〉の局面を出発点として他の3つの局面につなげていく。

（1）内在化の局面

　内在化の局面は、要援護者の支援が主軸となる。ここでは要援護者からの援助の要求（needs）や要望（demand）を把握し、生活困難の要因を解明することが求められる。最初は周囲の人々にもさまざまな価値観があり、いつも要援護者に対して正しい理解や判断がなされるとは限らない。要援護者の側にも過去から続くスティグマがあり、いつも要求や要望がすべて表明されるとは限らない。

　けれども「自分の気持ちを知ってもらいたい」とか、「こうした状況にあるのは、果たして自分だけなのかを知りたい」といった、相互現認（identification）の要求は最大限に尊重され、その機会が確保される。これらの個人の要求や要望に対して1人の同意者が現れることは、ネットワークの最小単位として認められる。2人以上が時間と空間を共有する形態が発生すると、要求や要望は他者から客観的に確認される価値を有するものとなる。

　内在化の局面における権利擁護の要件は、セルフ・アドボカシーの支援である。ベイトマン（Bateman, N.）は、セルフ・アドボカシーを「個人またはグループが、自らのニーズと利益を求めて自ら主張し、あるいは行動する過程」[31]と定義している。またウイリアムズ（Williams, P.）とシュルツ（Shoultz, B.）

は、この概念が2つのレベル（人がそれぞれの関心に従って話したり行動する一般現象のレベルと、お互いの利益を目指して話し合ったり行動するために障害者が団結する非常に特別な現象のレベル）で説明されるとし、それは障害者だけでなく一般の人々にも適用できると論じている[32]。

セルフ・アドボカシーの支援では、個人が要求を主張できる〈場〉の提供と、そうした個人への共感者をつなぐことが含まれる。さらにネットワークの最小単位が発生した際には、セルフヘルプ・グループとして「第一次的社会化」の過程に至ったものと判断される。この状況が認められると、〈場〉から地域で要援護者が交流できる〈拠点〉へと発展させる必要が生じてくる。その拠点には、要援護者の要求や要望を周知させる情報発信の機能も求められる。

（2）主体化の局面

主体化の局面は、福祉当事者の自立が主軸となる。ここでは個々の要援護者がネットワークの最小単位の発生によって社会化された、つまり当事者となって社会に関わることを起点とする。それはバーガーとルックマンがいう、「第二次的社会化」の過程に入るのを意味している。第二次的社会化とは「制度的な、あるいは制度的に基礎づけられた、〈下位世界〉が内在化される過程」[33]である。また前述の飯田は、主体化とは内在化の過程における下位分化と多元化が前提となり、社会的現実のなかで自己実現を図ることであると述べている[34]。

要援護者から当事者となって主体化するのは、要求や要望をもった要援護者同士がアイデンティティを求めて連帯する一方、内在化によって意識された社会的現実と相対する局面でもある。ここで制度的な〈下位世界〉と遭遇し、これに当事者が適応して自立できるかが問われる。さらに問題へ対処するのに必要な知識の習得が、当事者には求められる。もし当事者個人での対応が困難な場合には、時間と空間を共有したセルフヘルプ・グループ内で分業する方針を取ると、それに応じた知識がうまく分配され、当事者は一定の役割をもつ社会の成員として形成されやすくなる。

以上のような個人の自律的な発達ばかりでなく、主体化には次の外化への素因が含まれている。つまり要援護者から当事者となっても保持される要求や要

望は、この過程での知識の習得や役割の経験を経て、また新たな価値観が加わったり、高次の目的へと昇華されたりする。そこでは〈下位世界〉の価値観や規範との遭遇によって内面的な葛藤が生じる場合もある。けれどもセルフヘルプ・グループを組織して、内部からも外部からもエンパワーメントされる機会が数多く得られれば、グループ固有の主観的な世界も広がり、グループは自律して次の外化へと向かうことができる。

主体化の局面における権利擁護の要件は、自立生活へのプログラムの準備である。それに必要な制度などの知識の習得を保障するだけでなく、社会適応が困難な当事者に対しては、予防的もしくは治療的な援助も図られるべきであり、このための専門的支援のネットワーク構築が必要となる。その一方でセルフヘルプ・グループ活動への地域支援がコミュニティワークとして取り組まれ、これに並行して当事者の自立生活を進展させる拠点づくりが公私で協働される。

(3) 外化の局面

外化の局面は、福祉当事者による活動が主軸となる。ここでは当事者が自らの要求や要望を実現させたり、それに方向づけを与える社会的な行動が主たる内容となる。こうした目標まで到達できるように、当事者が組織化されて力量を身につけ、計画的に活動を進めることが必要である。またそれに社会から一定の抵抗や圧力があれば、住民から支持者や理解者を募ったり、他の当事者組織から支援を得るといったソーシャル・アクションも展開される。このように外化の局面では、コミュニティ・インターベンションの混合アプローチの活用が基本戦略となる。

この局面でみられる過程の1つに、当事者支援の活動の制度化がある。バーガーとルックマンは制度化を「習慣化された行為が行為者のタイプによって相互に類型化されるとき、常に発生する」[35]と述べている。当事者と地域社会の他の成員との相互作用のなかで、習慣化して類型化された行為は、予測と期待が可能となる。これが第三者にも客観的に示されたときに制度化となる。

外化の局面における権利擁護の要件は、当事者の社会的な行為を支援する体制づくりにある。当事者の要求や要望を代弁するアドボケイトの存在、要求や

要望を述べることができる公開討論の場の設定や広報媒体の確保、住民からの支持や理解を得られる機会の調整、といった準備が必要となる。こうした取り組みでもコミュニティ・インターベンションの混合アプローチが基本戦略となり、関係する計画の策定や実施では、当事者の組織的な参加が求められる。

(4) 客観化の局面

　客観化の局面は、制度としての支援の確立が主軸となる。ここでは当事者の要求や要望が実現した後、その内容がコミュニティの構成員個人に対して規範的な現実へと変容させていくことが求められる。それはまた、当事者の要求に沿ったまちづくり活動や社会への働きかけが制度的な秩序を生み、一般化していく過程でもある。さらに当事者が参加した、サービスの開発や運営などの協議会を組織するのも客観化に含まれる。

　この局面で重視される意味は正当化である。正当化とは、上記のようなまちづくり活動が生んだ制度的な秩序が、主観的にも妥当なものとして説得力をもつように言語によって再構成されることを指す。バーガーとルックマンは、現代社会が多元的な状況にあり、それが良い意味での社会変動を促す要因になっていると指摘する[36]。地域福祉でも正当化された理念が多元的な状況を導き、必要な社会変動を促すことはノーマライゼーションの例をみても明らかである。また第4章で、岡村重夫が福祉コミュニティを「多元主義的社会」と等質であると論じた点にふれたが、これも正当化がもたらす意義の解釈であるといえる。

　客観化の局面における権利擁護の要件は、最も具体的なものとなる。つまり法的な基礎を用いながら、社会的な正義を確保する目標が立てられ、このために必要な制度や機構を創出する取り組みが目標となる。一例としては、公私のオンブズマン制度や行政手続の監視機構の整備、情報公開の促進などの課題があげられる。また上記を基礎とした、社会福祉運営での公私協働への再構造化も見据えなければならない。これにより多元化された社会において住民自治を担う力量を培いつつ、すべての当事者が自立していくことが次なる目標となる。

3. 過程の分析－プロセス・ゴールの設定

上記のタスク・ゴールを配置した弁証法図式を基礎として、次に局面から局面へと移る間にプロセス・ゴールを設定し、組織化活動やアドボカシー実践が持続する〈自立－擁護システム〉の連関モデルとして完成させる。これらのプロセス・ゴールは、主観的アプローチの範疇と相互主観的アプローチの範疇に大別され、その具体的な内容として、表8-1にあったソーシャルワーク・アドボカシーの11の次元が、アドボケイトの役割として取り込まれる。

－主観的アプローチの過程－

(1) 合意の集積（内化→主体化）

内化から主体化の間では、要援護者が自立をめざす当事者としての自意識を内発的にもてるようなエンパワーメントが必要となる。要援護者個人が自立意識をもつのは一定の困難を伴うため、アドボケイトは「6) 味方として助ける」立場を表明し、「10) クライエントと同一化する」ように働きかける。

ほとんどの要援護者にとって、自立をめざすセルフヘルプ・グループを組織する、もしくはそれに参加するのは有効となる。こうした〈場〉に集まる要援護者らの意欲、また地域に〈場〉を設定することへの関係者の理解、といった意識を内的に拡大する合意の集積が、ここでのプロセス・ゴールとなる。そこでアドボケイトには、「1) 代わって申し立てたり、話す」ことや「2) 他の人を代表する」役割が求められる。

(2) 行為の創出（主体化→外化）

主体化から外化の間では、自立意識をもった当事者が要求や要望を地域で実現していく行為を創出し、彼らに実践を促すことが必要となる。こうした行為は2つに分けられる。第1の行為は、当事者が社会的に適応するための自己変容（もしくは発達）を目的とする。第2の行為は、当事者の権利を守って社会的な生活を確立するための社会変革を目的とする。

アドボケイトには、前者では「5) 利益や権利を得る」方策を示し、後者では「4) 変革を促進する」「8) 社会的な正義を確保する」意図を打ち出し、当

事者が「3）行動を起こす」ように「9）クライエントを力づける」ことが求められる。未だセルフ・アドボカシーを実践するのに力量不足な当事者に対しては、アドボケイトが「10）クライエントと同一化する」ことで、「1）代わって申し立てたり、話す」ことや「2）他の人を代表する」必要がある。

－相互主観的アプローチの過程－
（3）言語の裏づけ（外化→客観化）
　外化から客観化の間では、当事者とその支援の行為が社会と相互作用して制度化されたときに、社会的にも正当性をもつように支持することが求められる。このためにアドボケイトは、「6）味方として助ける」立場をもって、「7）影響力と政治的な技術を示す」アプローチや「11）法的な基礎を用いる」アプローチによって社会に働きかけなければならない。さらに「4）変革を促進する」意義を言語により裏づけし、さらに実践を進展させる規範を創っていくことも必要である。
　上記の内容では、コミュニティワークの記録と評価が生かされる。さらに法律や政治の分野など社会福祉の専門性を超える部分がある場合、関係する社会資源へのネットワーキングも重要なプロセス・ゴールとなる。

（4）意味の浸透（客観化→内化）
　客観化から内化の間では、当事者の諸活動が社会にて制度化され、規範的な現実へと変容していく。そこでこれを言語として表現し、さらに知識として社会へ広めていく実践が求められる。それはまた、多元的な状況になった意味をコミュニティの構成員に浸透させて、構成員個々の多様なアイデンティティの形成に寄与する行為でもある。これにより地域に〈新しい参加〉の実践が生まれたり、既存の〈組織的な参加〉に新たな影響が与えられる。そうすることで、未だに差別や偏見を受けていたり、疎外されている当事者や必要なサービスを受けていない要援護者の生活環境の改善を図っていく。
　具体的な活動としては、福祉教育や社会教育の拡充や人権尊重の一般的な啓発などがある。当事者の権利擁護の意味が人々に理解・浸透されるなかで、

コミュニティの構成員に「9）クライエントを力づける」ことが自覚できる実践を追求するのである。

以上のように現象学的社会学からの弁証法図式を適用して、そこに地域福祉の組織化論やソーシャルワーク・アドボカシー理論からの課題をタスク・ゴールに位置づける。さらにプロセス・ゴールを設定することで、〈自立−擁護システム〉の連関モデルが得られる（図8-3）。これは福祉コミュニティの意味をとらえる考え方を集約したパラダイムとなり、個々人の生の意味を希求する活動を持続していく社会システムのあり方も示している。この連関モデルには〈資源−活用システム〉の連関モデルと重複した内容もあるが、コミュニティの機能面ではなく共通の絆に焦点を当てている。

ここで結論づけると、〈資源−活用システム〉の連関モデルは、客観的なアプ

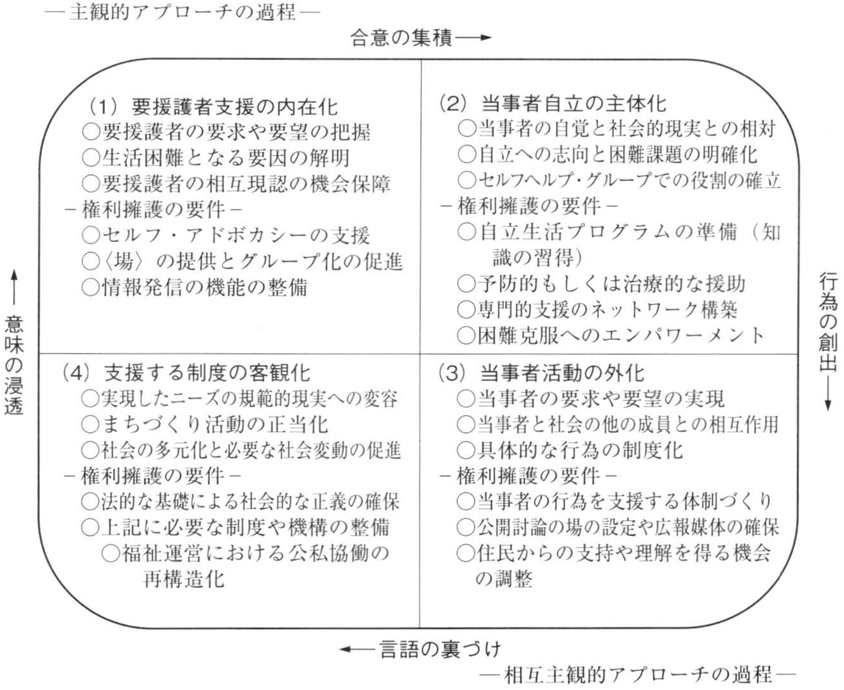

―主観的アプローチの過程―

合意の集積→

(1) 要援護者支援の内在化 ○要援護者の要求や要望の把握 ○生活困難となる要因の解明 ○要援護者の相互現認の機会保障 −権利擁護の要件− ○セルフ・アドボカシーの支援 ○〈場〉の提供とグループ化の促進 ○情報発信の機能の整備	(2) 当事者自立の主体化 ○当事者の自覚と社会的現実との相対 ○自立への志向と困難課題の明確化 ○セルフヘルプ・グループでの役割の確立 −権利擁護の要件− ○自立生活プログラムの準備（知識の習得） ○予防的もしくは治療的な援助 ○専門的支援のネットワーク構築 ○困難克服へのエンパワーメント
(4) 支援する制度の客観化 ○実現したニーズの規範現実への変容 ○まちづくり活動の正当化 ○社会の多元化と必要な社会変動の促進 −権利擁護の要件− ○法的な基礎による社会的な正義の確保 ○上記に必要な制度や機構の整備 ○福祉運営における公私協働の再構造化	(3) 当事者活動の外化 ○当事者の要求や要望の実現 ○当事者と社会の他の成員との相互作用 ○具体的な行為の制度化 −権利擁護の要件− ○当事者の行為を支援する体制づくり ○公開討論の場の設定や広報媒体の確保 ○住民からの支持や理解を得る機会の調整

↑意味の浸透

行為の創出↓

←言語の裏づけ

―相互主観的アプローチの過程―

図8-3 〈自立−擁護システム〉の連関モデル

ローチをもって目標志向的な社会システムの構築をめざすものであり、福祉コミュニティ形成の規範パラダイムとなる。一方〈自立－擁護システム〉の連関モデルは、主観的なアプローチをもって価値志向的な社会システムの構築をめざすものであり、福祉コミュニティ形成の解釈パラダイムとなる。そうした意味をもって両モデルは、福祉コミュニティ形成のパラダイムとして相互に補完されるのである。

これら2つの連関モデルにより、福祉コミュニティ概念の機能面の諸要素や権利擁護の課題がほぼ包摂される一方、福祉コミュニティの形成が持続可能性と創発性をもって次の発展段階を望むことができる。次章ではこれらの連関モデルをもって、いかに福祉コミュニティの形成を計画的に推進していくかを追究する。

【注】
1）炭谷茂「日本社会福祉学会公開シンポジウム基調講演記録―社会福祉基礎構造改革について〔中間まとめ〕」『日本社会福祉学会・学会ニュース』No.20、日本社会福祉学会、1999年、20～23頁。
2）厚生省社会・援護局企画課「社会福祉事業法等の一部改正法案の成立について」『生活と福祉』No.532、全社協、2000年、15頁。
3）『社会福祉基礎構造改革の実現に向けて―中央社会福祉審議会　社会福祉基礎構造改革分科会・中間まとめ・資料集』中央法規出版、1998年、63～70頁。
4）寺谷隆子「地域福祉権利擁護事業が真に機能するために欠かせないことは何か」『月刊福祉』第82巻第14号、全社協、1999年、50～51頁。
5）岩間伸之「ソーシャルワークにおける『アドボカシー』の再検討」山縣文治編『別冊［発達］25―社会福祉法の成立と21世紀の社会福祉』ミネルヴァ書房、2001年、35～41頁。
6）James S.Mickelson, "Advocacy," in Richard L.Edwards et al.eds., *Encyclopedia of Social Work*(19th ed.), NASW PRESS, 1995, p.95.
7）J. S. Mickelson,*ibid.*, pp.95-97.
8）Mark Ezell, *Advocacy in The Human Services*, Brooks/Cole, 2000, pp.25-26.
9）M. Ezell, *ibid.*, pp.26-28.
10）M. Ezell, *ibid.*, pp.34-36.
11）Robert L.Schneider and Lori Lester, *Social Work Advocacy*, Brooks/Cole, 2000, p.68.
12）R. Schneider and L.Lester, *ibid.*, pp.58-68.

13) R. Schneider and L.Lester, *ibid.*, p.65.
14) R. Schneider and L.Lester, *ibid.*, pp.71-72.
15) R. Schneider and L.Lester, *ibid.*, pp.72-73.
16) F. スティシイ（宇都宮深志・砂田一郎監訳）『オンブズマンの制度と機能』東海大学出版会、1980年、1頁。
17) 松下圭一『政治・行政の考え方』岩波書店、1998年、117～118頁。
18) 横山信二「行政手続条例制定直接請求運動の意義」『月刊・地方自治ジャーナル』通巻197号、公人の友社、1994年、31～32頁。
19) 田村和之「福祉行政」『法律時報』65巻6号、日本評論社、1993年、126～127頁。
20) 兼子仁・椎名慎太郎編『行政手続条例』学陽書房、1995年、14～17頁。
21) 小島武司『裁判外紛争処理と法の支配』有斐閣、2000年、304頁。
22) A. シュッツ（森川眞規雄・浜日出夫訳）『現象学的社会学』紀伊國屋書店、1980年、6頁。
23) 西原和久「問題としてのシュッツ：『まなざし』の転轍」西原和久編『現象学的社会学の展開』青土社、1991年、27～37頁。
24) A. シュッツ『現象学的社会学』（前掲注22）94～95頁。
25) A. シュッツ、同前、96～99頁。
26) P. L. バーガー／T. ルックマン（山口節郎訳）『日常世界の構成』新曜社、1977年、218頁。
27) 飯田剛史「バーガーとルックマンの社会学」中久郎編『現代社会学の諸理論』世界思想社、1990年、99頁～103頁。
28) 下田直春『社会学的思考の基礎』新泉社、1987年、152～153頁。
29) 飯田剛史「バーガーとルックマンの社会学」（前掲注27）103～104頁。
30) P. L. バーガー／T. ルックマン『日常世界の構成』（前掲注26）218～221頁。
31) N. ベイトマン（西尾祐吾監訳）『アドボカシーの理論と実際』八千代出版、1998年、7頁。
32) Paul Williams & Bonnie Shoultz（中園康夫監訳）『セルフ・アドボカシーの起源とその本質』西日本法規出版、1999年、212～213頁。
33) P. L. バーガー／T. ルックマン『日常世界の構成』（前掲注26）233頁。
34) 飯田剛史「バーガーとルックマンの社会学」（前掲注27）104頁。
35) P. L. バーガー／T. ルックマン『日常世界の構成』（前掲注26）93頁。
36) P. L. バーガー／T. ルックマン、同前、211～212頁。

第9章
福祉コミュニティの機能・意味・構造の統合

◆◆◆

第1節　地域福祉計画論の推移と特性

1．地域福祉計画論の推移

　1990年代の福祉政策を振り返ると、それはサービスの計画的推進の時代であったといえる。1990（平成2）年の福祉関係八法改正に伴う老人保健福祉計画を皮切りに、児童育成計画・障害者福祉計画・介護保険事業計画が自治体段階で続々と策定された。そして2000（平成12）年施行の社会福祉法でも、市町村地域福祉計画の策定が法定化された。しかしながら最初の老人保健福祉計画の時から、計画策定にどれだけ自治体の独自性を出せたかという疑念がもたれていた。なぜなら計画の内容が社会資源の増強における目標値の設定に特化し、加えて市町村の多くが力量不足もあって、民間のコンサルタント会社に策定の補助を依頼したからである。

　法定化された市町村地域福祉計画では、市区町村が地域福祉推進の主体である住民などの参加を得て、地域における要援護者の生活上の解決すべき課題とそれに対応する必要なサービスの内容や量、その現状を明らかにし、かつ確保

し提供する体制を計画的に整備することが内容とされた[1]。そうなれば、関連する社会資源の目標値の設定だけで完結せずに、ノーマライゼーションや自立の理念をもって、高齢者や障害者などの対象者のニーズに前向きな対応をしなければならない。

　福祉計画の必要性は、CO論の導入とともに論及されていたが、地域福祉計画の本格的な策定の論議は、1983（昭和58）年の市町村社協の法制化を機に、全社協が地域福祉特別委員会に地域福祉計画研究小委員会を設置した後に始まった。この成果である全社協『地域福祉計画──理論と方法』（1984年）には、地域の社会資源を動員しての福祉ニーズの充足と、直接的なサービス提供と福祉的環境づくりを計画の目的にするという、「ニーズの全体性」を重視した地域福祉の考え方が反映されている。

　1980年代後半から、市町村社協による地域福祉計画の策定が着手され出した。同時に福祉改革の論議も進み、市町村の福祉行政における地域福祉・在宅福祉の重点化が強まった。こうした情勢を受けて、1989（平成元）年に東京都地域福祉推進計画等検討委員会が、『東京都における地域福祉推進計画の基本的あり方について』の答申を発表している。そこでは、地域福祉計画には3種類（都が策定する地域福祉推進計画、区市町村が策定する地域福祉計画、住民が主体的に策定する地域福祉活動計画）があると規定し、これらの計画が有機的に関係することで、地域福祉システムが構築されると提言した。

　この地域福祉計画の三相構想の影響力は大きく、1992（平成4）年に全社協は『地域福祉活動計画策定の手引』を刊行し、そのなかで市町村社協が策定する地域福祉の計画は、地域福祉活動計画とするように指導している。

2．効率性と有効性の重視

　これまでの地域福祉計画論には、ある1つの特徴がみられる。それは地域の社会資源を拡充するうえで、計画が「効率性」を原理としている点である。地域住民の福祉ニーズに立脚し、その解消をタスク・ゴールに定めると同時に、関連するネットワークや住民参加などの資源動員をプロセス・ゴールとするなかで、ニーズ充足の効率性が強調されることが多かった。計画の三相構想もそう

した考え方に準拠している。

　ネットワークやケースマネジメントなど合理主義的な理論に基づいた効率性の原理は、地域福祉の近代化に必須のものとなった。福祉コミュニティの形成でも、関連するアソシエーションを充実させる目標を掲げ、機能的コミュニティとしてのあり方を追求する際には、計画において効率性が重視された。しかしアドボカシー実践が1つの焦点となる地域福祉計画では、効率性の原理だけですべてが充足されるのかが問われる。

　岡村重夫は、5つの機能によって福祉コミュニティの具体性を明らかにしたが、このなかに「地域福祉計画の立案」があった点を想起したい。岡村は、行政による福祉計画と民間が主体となって創る地域福祉計画との違いを意識し、地域福祉計画は福祉サービスの対象者の権利擁護を目的として、福祉コミュニティを基盤として立案すべきだとしていた。福祉コミュニティは計画策定の主体であって、計画目標の客体ではないとする主張は重要である。これはコミュニティとアソシエーションのバランスに関係する。岡村はアソシエーションである行政だけで計画を策定することは、官僚制の割拠主義につながるものと危惧し、住民の参画によって公私関係の均衡を図ろうとしたのである[2]。

　これからの地域福祉計画では、効率性の重視とは別の側面も打ち出す必要がある。それは要援護者や当事者の権利擁護を目標に掲げ、こうした実践の「有効性」を重視する側面にほかならない。もちろん、地域福祉・在宅福祉の社会資源が不足している地域では、今後とも地域福祉計画における効率性の原理は尊重される。けれども効率性に関係する住民参加の価値は、実際、経験的にかなりの住民が周知しており、その強調だけでは、もはや多様なアイデンティティをもつコミュニティの構成員の一部にしか、参加が期待できない計画となりかねない[3]。

　それゆえ21世紀の地域福祉計画の策定では、権利擁護に寄与するコミュニティのあり方を住民に語り、この目標に至る福祉コミュニティ形成の有効性も示すことが、広く住民参加を促す説得力となる。

第2節　地域福祉計画への連関モデルの組み込みと評価の指標

1．構想計画への組み込み

　地域福祉計画の基礎となる社会福祉計画論は、高田真治によって定礎された。高田は社会福祉計画の段階を、①構想計画、②課題計画、③実施計画、に整理して各々に指針を示した。まず構想計画とは事業方針や政策であり、問題の明確化に基づいて、「何のために何を行うか」の先見性をもった目標を設定するものとなる[4]。

　多系的な機能をもつ福祉コミュニティ形成を目標とする地域福祉計画では、この構想計画での効率性と有効性の重視が基軸となる。それは〈資源－活用システム〉と〈自立－擁護システム〉の連関モデルを構想計画に組み込み、福祉コミュニティ形成のパラダイムとすることで定位される。

　構想計画において効率性を重視する内容には、〈資源－活用システム〉の連関モデルでのタスク・ゴールとプロセス・ゴールが相当する。つまりAGIL 4機能図式に適合させた、(A)関連する下位セクターの整備、(G)公私の協調関係の進展と社会変革の具現化、(I)参加の拠点の連携とコミュニケーションの促進、(L)問題の共有と共生への合意形成／アドボカシー実践の機構の確立、がタスク・ゴールである。そしてその間隔ごとに設定した、①固有の実践、②協調の確立、③主体性の回復、④ニーズの相対化、がプロセス・ゴールとなる。これらは、福祉コミュニティの機能面に関係する目標となる。

　もう一方の有効性を重視する内容には、〈自立－擁護システム〉の連関モデルでのタスク・ゴールとプロセス・ゴールが相当する。つまり現象学的社会学の弁証法図式に適合させた、(1)要援護者支援の内在化、(2)当事者自立の主体化、(3)当事者活動の外化、(4)支援する制度の客観化、がタスク・ゴールである。そしてその間隔ごとに設定した、①合意の集積、②行為の創出、③言語の裏づけ、④意味の浸透、がプロセス・ゴールとなる。これらは福祉コミュニティの主観的な価値に基づく内容となる。

　構想計画に位置づけられた2つの連関モデルの内容が互いに補完しあうなかで、次の課題計画では、地域福祉を進めるうえでの具体的な課題を設定する。そ

こではだいたいにおいて、以下のような課題が検討される。

① 地域の生活問題に対して、住民や関係者の意識を高める。
② 生活問題の解決にあたる実践（＝コミュニティワーク）の力量を高める。
③ 上記の実践を効率的かつ有効的に推進するうえで、必要な組織化を当事者の側でも実践者の側でも図っていく。
④ 実践が進捗するにつれて現前する障壁に対応したり、あるいはあらかじめ予想される問題に対して予防的な対処を図るために、福祉に限定されない公私の連携や協働を推進する。

こうした課題を見据えて、最後の実施計画では、短期・中期・長期の目標別の事業が列挙される。また計画とは別枠で、「コミュニティ評価」のモニタリングの指標を設定する。これは、後述する評価と関連するものである。

以上の内容は、図9-1のような地域福祉計画全体の構図のなかに納められる。これが多系的な機能をもつ福祉コミュニティ形成を目標とした計画的推進の青写真となる。このなかには、コミュニティ・インターベンションの地域開発の戦略が相当の部分を占めており、その成果が各計画間のフィードバックや相互評価に影響する。こうして計画に連関モデルを位置づけること自体が、コミュニティ・インターベンションでの「計画／開発」の複モデルを組成して、混合アプローチを実践で適用するのと同等になる。

2. 事前評価と事後評価

福祉コミュニティ形成の計画的推進のなかで、評価がなされる局面を確認しておく。事前評価は既述したように、コミュニティ・ニーズ・アセスメントや地域診断を通じて、ニーズの特性を整理して問題解決の優先順位や手順を確定するものである。また課題計画や実施計画を策定中の段階でも、構想計画との整合性を確認するフィードバックの評価があり、これにより各計画を修正する場合がある。

事後評価は、実施計画における一定の事業の成果を評価する。この評価では

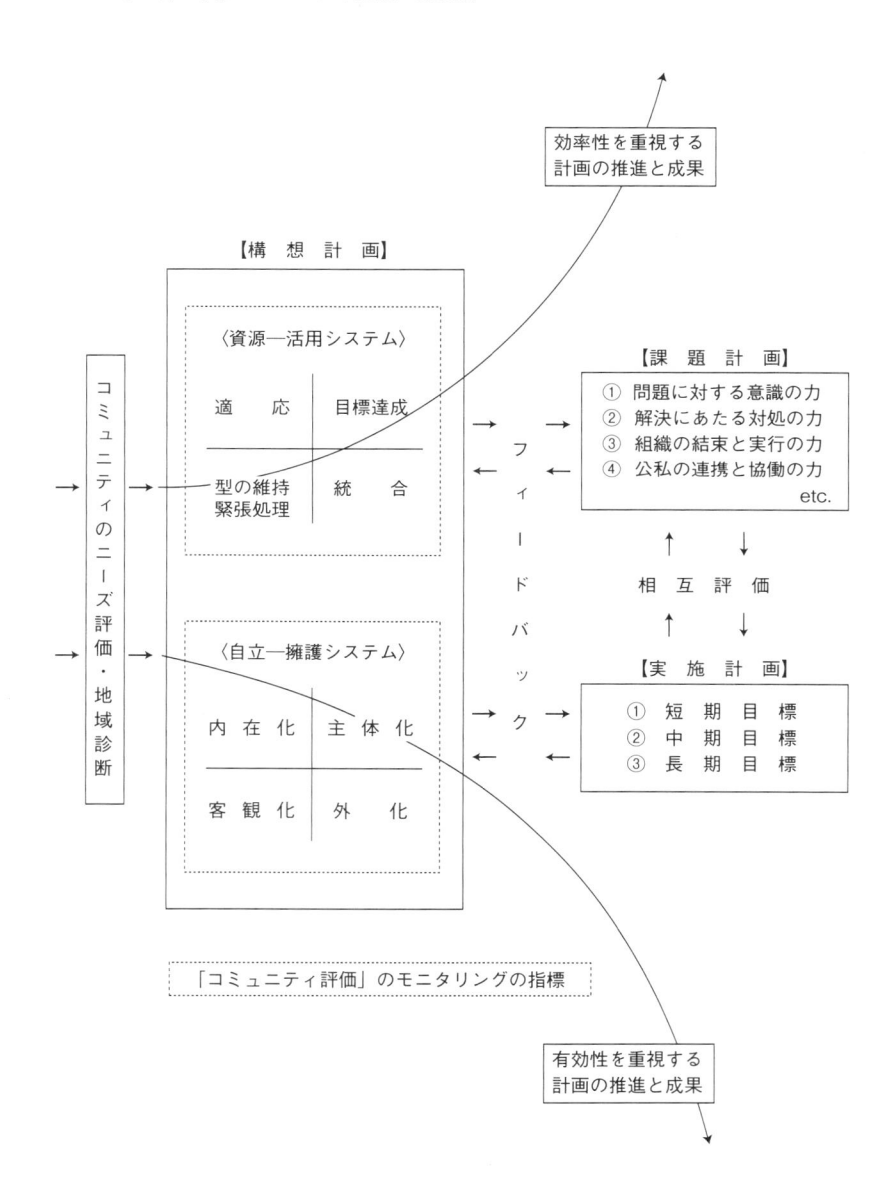

166　第Ⅱ部　福祉コミュニティ形成の方法論

図9-1　多系的な福祉コミュニティ形成の計画的推進の構図

目標の達成度、事前評価や計画実施の妥当性、今後の課題などが要点となる。さらに事後評価ではプロセス・ゴールの視点も重視して、計画の展開での住民の主体形成の度合いや、関係した機関・組織の活動への前向きさも評価する。それだけでなく住民の権利意識や草の根民主主義の定着や実行の度合い、自治体の構造変革や民主化の程度を、リレーションシップ・ゴールという別の指標で評価する場合もある。

実施計画の短期・中期の目標を事後評価した後、もしくは第2次の実施計画を策定する際には、構想計画とのフィードバックを含めた課題計画との相互評価がなされる。ここでは目標の達成度などを勘案し、取り組み課題や目標を再設定したり、これらの優先順位などを再考する。また実施計画での目標が効率性重視の課題であるとき、事後評価に特定の事業を実施したのに要する費用と、それにより達成された効果を関連づけて分析する「費用－効果分析」の手法も適用できる。

以上の評価は、事業や計画を対象にして行われる。それだけでなく評価は、組織自体にもなされる。たとえばドラッカー（Drucker, P.F.）は、非営利組織に対する自己評価を取り上げて、問うべき質問を次の5つに集約している[5]。

① われわれの使命（仕事）は何か？
② われわれの顧客は誰か？
③ 顧客は何を価値あるものと考えるか？
④ われわれの成果は何か？
⑤ われわれの計画は何か？

上記で使われた用語には、いくつかの注釈がある。①の使命とは、組織の存在理由であって組織が到達すべき最終成果である。②の顧客とは、組織が提供するサービスや組織のメンバーになるのを受け入れたり、拒否できる人々のことである。③で顧客が認める価値は、プログラムの開発やボランティアを募集する際にも必要となる。④の成果とは、組織がその使命に基づいて達成すべきものである。

そして⑤では、何に焦点を当てるべきかが問われ、成果は組織の中ではなく外にあること。それから「価値あること」と「優先順位」に焦点を当てるべきだと論じている[6]。このような計画の策定主体への自己評価も、組織のあり方を見直すのに重要となる。

3. コミュニティ評価のモニタリング

　事前と事後の評価は、plan（計画）− do（実行）− see（評価）の流れに沿っている。しかし構想計画に〈資源−活用システム〉と〈自立−擁護システム〉の連関モデルを配置して、計画の推進では有効性も重視するとなれば、これまでにない評価のあり方が必要である。そこでは、2つの連関モデルが一周すれば完結を意味するのではなく、また次なる課題を見いだしたり、さらにより高次な活動の局面へと至るかたちを考える。

　計画にて有効性を重視することは、共生社会を展望する姿勢に接近する。人間の世界での共生（conviviality）では、日常生活で異なる者同士が自由で対等な関係を創造するために、何らかの意図をもって社会を変革する営みを含む。この意味をとらえて花崎皋平は、「生活の具体的な場で共生を実現するための生き方の流儀を運動の諸経験からみちびきだし、それを『共生のモラル』『共生の哲学』へと練りあげる作業が必要となってくる」[7]と主張する。またメルッチ（Melucci, A.）は、「多様性を認め、個々人の差異に対して敬意を持つことこそが連帯と共生の新たな定義へと向かう第一歩である」[8]と述べている。さらに高田真治は、社会福祉では「反差別」と「共同の形成」が、共生の課題になると指摘している[9]。

　三者の意見を総合すると、多系的な機能をもつ福祉コミュニティの形成こそが、共生社会の方途を拓くものと思われる。これをより確かなものにするために、「コミュニティ評価」と称するモニタリングの実践を提案する。モニタリングとしているのは、2つの連関モデルに基づく展開が一過性ではない点を意識している。

　コミュニティ評価のモニタリングでは、（A）と（B）の2つの形式を定める。これらの形式を用いた評価により、第3章で定めた福祉コミュニティ形成の価

表9-1 コミュニティ評価のモニタリング（A）— 基礎表式（マトリックス）

		地域性の視点	共同性の視点	共通の絆の視点
効率性重視の内容	(A)関連する下位セクターの整備			
	① 固有の実践			
	(G)公私の協調関係の進展と変革の具現化			
	② 協調の確立			
	(I)参加の拠点の連携とコミュニケーションの促進			
	③ 主体性の回復			
	(L)問題の共有と共生への合意形成 アドボカシー実践の機構の確立			
	④ ニーズの相対化			
有効性重視の内容	(1)要援護者支援の内在化			
	① 合意の集積			
	(2)当事者自立の主体化			
	② 行為の創出			
	(3)当事者活動の外化			
	③ 言語の裏づけ			
	(4)支援する制度の客観化			
	④ 意味の浸透			

値命題「福祉コミュニティ形成の成果に、一般のコミュニティに与える価値があればあるほど、そのコミュニティの構成員はさらなる福祉コミュニティの発展のために、より積極的な支持や協力を行う」が、正しいかが実証される。まず同じく第3章で定めた次の5つの要件が満たされているかを検証していく。

要件1．コミュニティの基本的特性をとらえる。
要件2．新旧のコミュニティを区分する。
要件3．コミュニティにある専門的機能と相互扶助の機能を活用する。

170　第Ⅱ部　福祉コミュニティ形成の方法論

　　要件4．個人とコミュニティの多元的な関係をとらえる。
　　要件5．下位概念から上位概念までのコミュニティを想定する。

　これらの要件のうち要件1から4までは、コミュニティ評価のモニタリング（A）の基礎表式（表9-1）によって確認できる。この基礎表式は、2つの連関モデルに基づきながら形成した福祉コミュニティが、コミュニティの特性（地域性、共同性、共通の絆）を十分に考慮したかを評価する枠組みである。
　コミュニティの本質的な発展に関わる要件5は、コミュニティ評価のモニタリング（B）の形式（図9-2）にて検証する。これは〈資源−活用システム〉と〈自立−擁護システム〉の2つの連関モデルが課題を解決して連関が周回しても、また新たな発展へと導く福祉コミュニティ形成の方途を示す基軸である。
　〈資源−活用システム〉の連関モデルでは、個人→組織→社会と援助の対象を拡大するプロセス・ゴールを設定して、要援護者のニーズを充足する機能的要件が満たされるのをタスク・ゴールとする。もう一方の〈自立−擁護システム〉の連関モデルでは、当事者の自立意識を基礎として、それを支援するアドボカシー実践の拡充をプロセス・ゴールとし、制度化を含めた共生社会への共感の

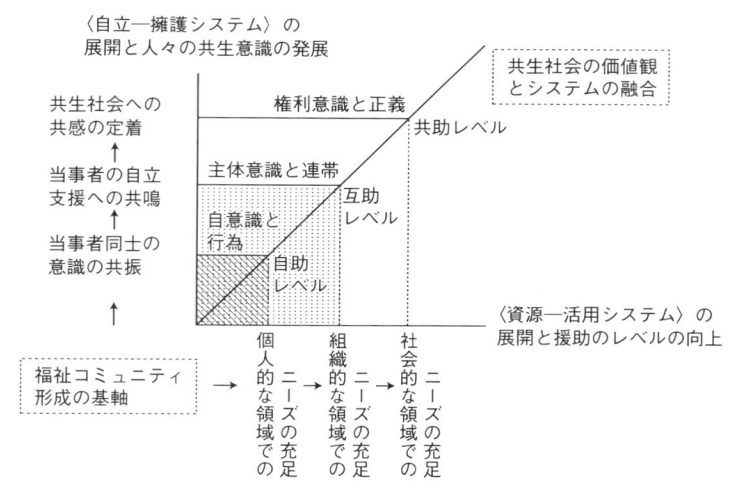

図9-2　コミュニティ評価のモニタリング（B）−発展の基軸

定着をタスク・ゴールとする。2つの連関モデルが展開するベクトルが示す方向性の先に、共生社会としての理想が見いだせる。それは地域で当事者とともに生きる価値観と、福祉コミュニティに求められるシステムとが1つに融合される社会のあり様である。こうした上位概念のコミュニティとしての共生社会に至るまで、図9-2の基軸に従って「人々の共生意識の発展」と「援助のレベルの向上」が整合しつつ、下位概念のコミュニティから諸活動が蓄積しているかをモニタリングするのである。

4. 逆機能とソーシャル・アクション

地域社会では、ノーマライゼーションの理念が建前化し、日常生活で当事者への差別や個人の疎外、少数者のスティグマなどの実態があるのに、これらを過渡的なものと合理化してしまう危険性がある。この差別について石田雄は、いろいろな抑圧が個人なり、集団なりをある1つの内集団（イングループ）から排除する、あるいは価値的におとしめるものと評している[10]。こうした内集団の1つにコミュニティはなりうるため、コミュニティ評価のモニタリングでは、当事者への差別があって福祉コミュニティ形成の障壁となっていないか、逆機能として作用していないかにも配意する。

ある事実がある特定の事象に阻害的に機能すると観察されるとき、前者は後者に対して逆機能（dysfunction）をもつとされる。逆機能は主として社会学にて分析され、なかでもマートン（Merton, R.K.）は、正機能とともに逆機能が存在することを強調した。マートンは、一定の社会体系における一定の機能的要件に支障をきたす一定の行動様式・信念、あるいは組織における一定の一連の結果を「社会的逆機能」と定義した。そして社会問題の研究では、機能だけでなく逆機能にも注意を払うべきだと論じた[11]。

福祉コミュニティの形成でも逆機能は阻害要因となる。地域社会に明白な差別などが顕在化し、それがコミュニティ・インターベンションの地域開発モデルや社会計画／政策モデルでは突き崩せない場合、次の方策として12の分析指標を参考にしながら、ソーシャル・アクション・モデルの適用が検討される。ソーシャル・アクションについてロスマンは、1960年代の急進的な変革運動の時代

から進展し、表面的には穏健であっても幅広い影響力をもった運動として広がっていること。また人種や階層を横断して組織化するような新しい傾向がみられ、その推進ではコミュニティ・インターベンションの他のモデルを併用するケースも多いと述べている[12]。

このロスマンの論及は、1970年代から顕著化した「新しい社会運動」の動向と一致している。新しい社会運動とは、労働運動の対比において社会学が与えた名称であり、環境保護やフェミニズム、人権、反原発、平和などの多様なテーマを掲げる一方、既成の政治回路への統合を拒否し、運動のプロセスを重んじながら、生活一般の支配的な形式を問題として取り上げる傾向をもつ。この運動は必ずしも社会変動を背景とするものではなく、むしろ非左翼的な日常生活構造の民主化を目的とする。そして組織的な価値を分権化・自主管理・自助などに見いだしながら、管理的国家や資本の介入に対抗して、地域社会を守りかつ発展させる限定的なラディカリズムを掲げる。これは日本での市民運動の特性とも通底している。

住民運動や市民運動という言い方は、行為の主体によって運動を規定する。〈住民〉や〈市民〉が担い手となって異議を申し立てるが、そこには運動の基本的な性格の差違がある。長谷川公一は、住民運動では町内会などの地縁的な組織が、小学校区などの比較的狭い範囲で地域と密着した個別的な問題に取り組

表9-2 住民運動と市民運動の基本的性格

	住民運動	市民運動
行為主体 a）性格 b）階層的基礎	利害当事者としての住民 一般市民、農漁民層、自営業層、公務サービス層、女性層、高齢者層	良心的構成員としての市民 専門職層、高学歴層
イッシュー特性	生活（生産）拠点に関わる直接的利害の防衛（実現）	普遍主義的な価値の防衛（実現）
価値志向性	個別主義、限定性	普遍主義、自律性
行為様式 a）紐帯の契機 b）行為特性 c）関与特性	居住地の近接性 手段的合理性 既存の地域集団との連続性	理念の共同性 価値志向性 支援者的関与

出典）飯島伸子編『環境社会学』有斐閣、1993年、104頁。

ものに対し、市民運動は理念や運動目標の共同性を基に自律的な市民が個人として参加して、全市的な課題に取り組む傾向があると論じている[13]。そして両者の基本的性格を表9-2のように整理している。

これをふまえて長谷川は、両者の運動が以前ほど社会的な注目を集めなくなっても、運動自体は影響力を低下させていないこと。運動のノウハウは地域社会に蓄積され、より日常的なものになりつつあること、の2点に留意を促している[14]。

日本の社協活動論をふりかえると、1973（昭和48）年の『市区町村社協活動強化要項』にある運動体社協の理念を最後に、ソーシャル・アクションのダイナミズムを正面からは取り上げていない。地域福祉論で〈住民〉と〈市民〉の概念の違いが不明晰なのも、ソーシャル・アクションについて進展がない見解が多分に影響している。

その一方で、CO論がソーシャル・アクションを重視するのは、対立（コンフリクト）があることで新たな秩序が社会にもたらされるという哲学をもつためである。トロップマン（Tropman, J.E.）とアーリック（Erlich, J.L.）は、コンフリクトとコンセンサスのアプローチが社会的な進歩を図る方法の双子の兄弟であり、コンセンサスだけですべてを動かそうとしたり、状況を良く保とうとするのは、問題の核心を覆うものと批判する。そのうえで、コンフリクトとコンセンサスのアプローチは、タスクとプロセスのアプローチとともに、コミュニティ・インターベンションの戦略的な焦点になると主張している[15]。

またアメリカのソーシャル・アクションの理論では、民主主義社会を均衡的なシステムととらえ、問題の発生・累積などの緊張によってさまざまな運動が発生しても、問題が解決されると均衡状態を回復し、さらに社会が新しい段階を迎えるという一連のサイクルに意義を見いだしている[16]。佐伯啓思は、そうした民主主義を市民が権力を行使する政治機構であり、また市民とは権力を行使する主体であると述べている[17]。

以上で明らかなように、市民がソーシャル・アクションの対抗力を駆使できるかは、民主主義の質が問われる試金石といえる。地域社会に当事者への差別や個の疎外などの逆機能となる状況があるとき、ソーシャル・アクションは不可欠

な方法論の技術的基軸となる。コミュニティ・インターベンションのソーシャル・アクション・モデルの使用では、12の分析指標を考慮しながら住民運動や市民運動の特性に合った方針を定めなければならない。その展開では広範な影響力が保持できるように、混合アプローチを用いての組織的・計画的に推進する戦略が基本となる。

第3節　福祉コミュニティの自己組織化を目標にする

1. 社会科学の方法と自己組織性の理論

　今田高俊は、社会理論の方法には、観察帰納法・仮説演繹法・意味解釈法の3類型があると述べている[18]。観察帰納法は、特定の問題を解明するために、具体的な観察データに基づいた一般化認識を重視する。この方法では、観察で認識したリアリティを帰納法によって検証可能な経験へと導いて一般化する。けれどもそうした経験は、決して時間・空間を超越したものにはなりえない。一般化認識の本質は、具体的な観察による認識を想定された母集団における期待値として位置づけることにある。

　仮説演繹法は、時間・空間を超越した「普遍」で「抽象」的な仮説認識としてのリアリティを、演繹という方法的手続によって反証可能な存在（経験）に接続する方法である。仮説演繹法では、仮説から推理（演繹）によって導かれた命題が経験をよく説明し、他の経験的事実によって反証されないことをめざす。

　最後の意味解釈法は、「特殊」で「個別」的なリアリティの意味認識を、解釈

表9-3　方法の3類型

	観察帰納法	仮説演繹法	意味解釈法
背景思想	経験主義	合理主義	理念主義
リアリティの型	具体・一般	抽象・普通	特殊・個別
認識の構え	観察認識	仮説認識	意味認識
理性様式	帰納法	演繹法	解釈法
経験様式	検証可能性	反証可能性	了解可能性

出典）今田高俊・友枝敏雄編『社会学の基礎』有斐閣、1991年、20頁。

法によって了解可能な存在（経験）に接続する方法である。そこでの経験観は、実証主義のようにすでにある客観的データ（感覚所与）ではなく、意味解釈によって存在を完成させる経験である。これら3つの方法の違いを今田は、表9-3のように整理している。

　今田は、社会理論の復活をめざした自己組織性の研究で知られる。社会学として追究する自己組織性とは、「システムが環境と相互作用するなかで、みずからの構造を変化させ新たな秩序を形成する性質」とされている。社会変動ではなく、あえて自己組織性の語を用いたのは、「社会が変化するのではなく人間が社会をつくり変えていく」ためであると説明している[19]。

　機能を中心に据えた従来の産業社会が、意味の側面を考慮し損ねたためリアリティ喪失に陥った状況を危惧する今田は、人々の行為が単に効率性や合理性に基づいて、社会の機能の遂行に終始するのではないこと。意味を求めたり、問い直したりして、新たな生活様式や文化を創りあげていくのも、人間の重要な営みであると主張する[20]。

　さらに今田は、機能主義の社会学がかつてのメイン・パラダイムの地位を相対的に低下させたとみている。そのため機能主義にさまざまなミニ・パラダイムが提起した自省作用を組み込むことで機能主義の復権を図る「自省的機能主義」を提唱し、これを自己組織パラダイムとして位置づけている[21]。

　この考えを具体化するために今田は、社会理論の基礎概念である構造・機能・意味を対立的にとらえるのではなく、各々が互いに他によって問われるシステムらせん運動のモデルと、慣習的・合理的・自省的の各行為が互いに他に変換されていく行為らせん運動のモデルを構想した。この2つが複合するらせん運動のモデルにより、構造主義・機能主義・意味学派の3つを統合する社会理論の構築をめざしたのである[22]。

2. 福祉コミュニティの自己組織化

　こうした自己組織性の理論に啓発されて、福祉コミュニティ形成での機能と意味と構造の課題をできる限り統合して考えたい、という動機をもって本書は書き進められている。結果として、パーソンズの機能主義の理論と現象学的社

176 第Ⅱ部 福祉コミュニティ形成の方法論

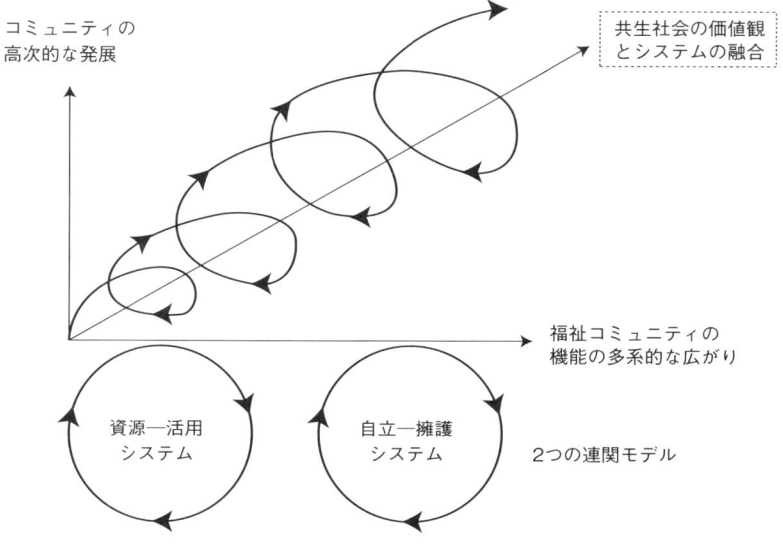

図9-3 福祉コミュニティの自己組織化－機能と意味と構造を統合した
　　　らせん運動

会学の知見を用いた2つの連関モデルをパラダイムとし、コミュニティ評価のモニタリング（A）と（B）の形式を設定することでその目標へ接近しようとした。

　この2つのモデルとコミュニティ評価のモニタリング（B）の基軸を位置づけると、福祉コミュニティの機能面で広がる軸と、共生社会をめざすコミュニティが下位から上位への概念まで高次的に発展していく軸をベクトルとし、そのなかをらせん運動として発展する図がイメージできる（図9-3）。こうして福祉コミュニティの機能と意味と構造を統合しながら、らせん運動的に発展する理念を地域福祉計画の構想計画に定位すれば、計画の策定では課題計画や実施計画を明確に立案でき、事後評価のフィードバックも容易になると考える。

　地域福祉論の将来においては、観察帰納法・仮説演繹法・意味解釈法をそれぞれ駆使した理論的・実践的な研究と、これらの成果を統合する考察が求められている。こうした蓄積の先に、望まれる地域福祉論の体系化がある。この点においても福祉コミュニティは、そのような研究と考察における最重要のテーマ

であり続け、今後ともその形成の方法は、多面的な検討がなされる必要がある。

　本書での福祉コミュニティ研究は、仮説演繹法による一試論となった。それは当事者の生きる意味が共有（＝共感的了解）される共生社会の創造をめざし、人々が自律性をもって地域福祉の実践に関与することで、福祉コミュニティの自己組織化に貢献するというかたちの、「人が社会を創る」1つの見解を示したものである。

【注】
1）社会保障審議会福祉部会報告「市町村地域福祉計画及び都道府県地域福祉支援計画策定指針の在り方について――一人ひとりの地域住民への訴え」（2002年1月28日）、厚生労働省ホームページ（2002年）内の「地域福祉計画」ホームページを参照。
2）岡村重夫『地域福祉論』光生館、1974年、89頁。
3）たとえば佐藤文明『あなたの「町内会」総点検』（緑風出版、1994年）には、「どこかいかがわしいボランティア、そう感じるのは変ですか？」の項目（138〜144頁）があり、そこでは社協とボランティアの旧態的な関係に疑問を投げかける一方、新しい住民参加の活動のあり方を促している。
4）高田真治『社会福祉計画論』誠信書房、1979年、174頁。
5）P. F. ドラッカー編（田中弥生訳）『非営利組織の「自己評価手法」』ダイヤモンド社、1995年、58〜63頁。
6）ドラッカー編、同前、108〜110頁。
7）花崎皋平『アイデンティティと共生の哲学』筑摩書房、1993年、158頁。
8）A. メルッチ（山之内靖・貴堂嘉之・宮崎ますみ訳）『現在に生きる遊放民』岩波書店、1997年、232頁。
9）高田真治「社会福祉における『共生』の思想」嶋田啓一郎監修／秋山智久・高田真治編『社会福祉の思想と人間観』ミネルヴァ書房、1999年、60頁。
10）石田雄・三橋修『日本の社会科学と差別理論』明石書店、1994年、139頁。
11）R. K. マートン（森東吾・森好夫・金沢実訳）『社会理論と機能分析』青木書店、1969年、463〜464頁。
12）Jack Rothman, "Approaches to Community Intervention," in Jack Rothman and John L. Erlich and John E. Tropman eds., *Strategies of Community Intervention* (5th ed.), F.E.Peacock Publishers, Inc., 1995, pp.55-58.
13）長谷川公一「環境問題と社会運動」飯島伸子編『環境社会学』有斐閣、1993年、103〜105頁。
14）長谷川、同前、115頁。
15）John E. Tropman and John L. Erlich, "Introduction of Strategies," in *Strategies of*

Community Intervention (5th ed.), pp.226-228.

16) 朴容寛「新しい社会運動とネットワーク」社会運動論研究会編『社会運動研究の新動向』成文堂、1999年、4頁。
17) 佐伯啓思『「市民」とは誰か』PHP研究所、1997年、176頁。
18) 今田高俊「科学するとは何か」今田高俊・友枝敏雄編『社会学の基礎』有斐閣、1991年、9〜19頁。
19) 今田高俊『自己組織性』創文社、1986年、176頁。
20) 今田高俊「自己組織性の社会理論」厚東洋輔・今田高俊・友松敏雄編『社会理論の新領域』東京大学出版会、1993年、16頁。
21) 今田高俊『自己組織性』（前掲注19）165〜166頁。
22) 今田、同前、まえがきiii

※地方公共団体が処理する事務をすべて団体事務化したうえで、新たに
　　　自治事務と法定受託事務とに区分する。
③　国の関与等の見直し
④　権限移譲の推進

　この法律が施行された年の11月に、自治省市町村合併推進本部は「市町村の合併の推進についての指針」を示し、国は本格的な市町村合併の推進にも着手した。そして1999年からの「平成の大合併」は、2006年3月末にその第1幕が終了し、3,232あった市町村は1,820まで減少した。しかし都道府県ごとの格差は大きく、東京都や大阪府が1つしか市町村を減らしていないのに対し、広島県が73.3％減少させたのを筆頭に、20の県が半分以下に市町村数を減らした。
　上記した地方分権の方針は、こうした合併推進の論拠の1つとなった。つまり国から地方への権限移譲を円滑に進めるために、基礎自治体の規模の拡大強化を国は大義名分としたのである。結果的に今回の合併は、巨大な地方都市を各地に出現させた。典型的なのは岐阜県の高山市で、その総面積2,178km²は香川県や大阪府よりも広大であり、東京都の規模に匹敵している。このような基礎自治体の変動が、21世紀の福祉コミュニティ形成で対応すべき2つ目の事象となる。

3. 中山間地域での人口減少の問題

　「人口社会減」と称される高度経済成長期に端を発する中山間地域の人口減少は、その一方で1965～95年までの30年間に、わずか3％余りの国土面積に65％の人口を集中させる偏在を生み出した。この結果、大都市やその周辺地域と比較して中山間地域では20年以上も早く高齢化を進ませ、農林業だけでなく地域全体の活力を減退させた。現在に至っても、地理的条件の制約などがあって産業誘致が思うように進まず、就業や所得の機会が恵まれていないために、若・壮年層を中心とした労働力人口の流出に直面している。
　近年の中山間地域では、人口社会減よりも死亡数が出生数を上回る「人口自然減」が顕著化し、以前よりも高齢者人口が減少したうえで、老年人口比率が

上昇したところが漸増してきた。こうした地域においては、集落消滅の危機が現実の問題として押し迫っている。現状のままで推移すれば、平成22年には中山間地域の4割の集落で、農家戸数が10戸以下になると推計されている[6]。

ごく単純に考えても、地域が広域化して人口が減少すると地域福祉の推進は困難になっていく。今回の市町村合併によるコミュニティ変動の影響は、こうした中山間地域の方が都市部よりも一層厳しく受けると予想される。それゆえ最後に、中山間地域の諸問題を意識した福祉コミュニティ形成の課題を取り上げる。

4. 要援護者の問題をとらえる視点

中山間地域での要援護者の問題をとらえる視点を設定すると、3つにまとめられる。1つは、中山間地域に特有の自然環境の厳しさと減少し続ける人口、これらがもたらす生活条件の悪化の諸影響を「生活問題」として把握する視点である。具体的には、農林水産業従事者の減少（＝後継者問題）、集落機能の衰退や消滅、地域社会の活力低下などがある。こうした問題は定住に必要な社会的機能の弱化と認識されるが、その対処には社会学や社会心理学からのアプローチも求められる。

次は、中山間地域に住む高齢者などの要援護者が抱える固有の問題を、「福祉問題」として把握する視点である。そこでは高齢者の増加のために、自治体は福祉施策を第一としなければならない実態が重視される。中山間地域にある特別養護老人ホームはどこも定員を満たして多くの待機者がおり、介護保険の要介護認定で高い判定を受けた在宅の高齢者に対して、的確なケアマネジメントを図る必要に迫られている。

そして最後に、これらの2つの問題が融合したものを「生活福祉問題」として把握する視点がある。それは生活・社会環境の諸条件が悪化するなかで、広域な中山間地域で点在して生活を営んでいる、ニーズの多様化・高度化した要援護者をいかに援助していくのかという問題を意味している。

中山間地域での福祉コミュニティ形成では、特にこの生活福祉問題への対処が問われる。たとえば、冬期の雪下ろしや路線バスの廃止などに伴う定住条件

の悪化は、買い物から通院に至るまでの要援護者の日常生活を直撃する。こうした要援護者のライフライン（生活の生命線）の確保が第1の課題としてあり、その解決における公私協働は当然の前提となる。

5. 問題の構図とその方策

ここで再整理すると、過疎化が進行する中山間地域にてとらえるべき問題は、「生活問題」と「福祉問題」、さらにこの2つが融合した「生活福祉問題」となる。そしてこれらの問題においては、次のような相関をもつ構図が認識される（図10-2）。

① 中山間地域の人口が社会減や自然減をするなかで、コミュニティで対処すべき生活問題が重大になってきた。
② その一方で地域住民の高齢化が進行し、要援護者のさまざまな福祉問題も深刻さを増してきた。
③ 以上の2つが相関して、点在する要援護者に対して生活福祉問題として考えるべき範囲が拡大してきた。

図10-2のような構図をもつ問題を解決するためには、地域福祉の社会資源が

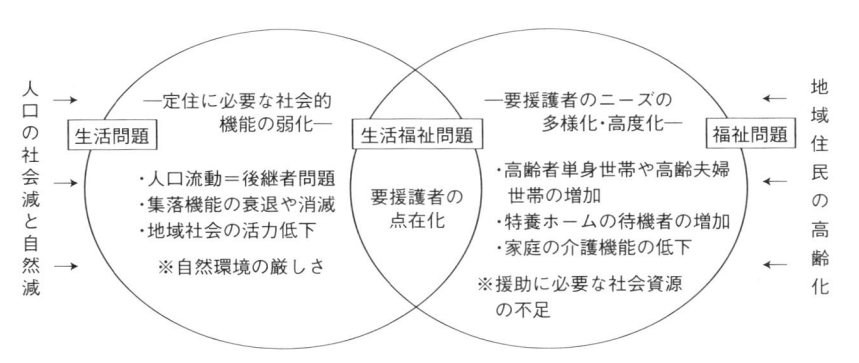

```
人口の社会減と自然減 →   生活問題                生活福祉問題              福祉問題   ← 地域住民の高齢化
            ─定住に必要な社会的       ─要援護者のニーズの
              機能の弱化─             多様化・高度化─
        ・人口流動＝後継者問題      要援護者の     ・高齢者単身世帯や高齢夫婦
        ・集落機能の衰退や消滅       点在化         世帯の増加
        ・地域社会の活力低下                     ・特養ホームの待機者の増加
        ※自然環境の厳しさ                        ・家庭の介護機能の低下
                                               ※援助に必要な社会資源
                                                 の不足
```
「参加の単位」「活動の仕組み」の構築⇔ライフラインの確保⇔地域における社会資源の総力の結集

図10-2 中山間地域の問題構図

垣根を超えて総力を結集していくのが第1の方策となる。しかしこれだけでは十分ではない。市町村合併後の動向を勘案しながら、住民自治を形骸化させないような「参加の単位」と「活動の仕組み」を構築していく第2の方策が必要となる。なぜなら中山間地域に住む要援護者のライフラインの確保において、小地域での見守りネットワークなどの活動は有効な下支えとなるからである。

　この第2の方策を講じる際には、要援護者以外の一般住民への配慮も求められる。歯止めのかからない人口減により中山間地域のコミュニティの紐帯が弱まるなかで、残った住民は町内会などで地域の役割をいくつも担い、日常生活を営むだけでも疲れ始めている。こうした疲弊感にも対応しなければ、より良く生きる意欲の喪失状態、換言すれば「あきらめ感」を醸成させてしまう。その伝播が最も憂慮すべき事態となるため、状況の判断次第では、参加の単位の再編も選択しなければならない。

　地域福祉の社会資源の諸機能を高めながら、コミュニティ内の参加の単位と活動の仕組みも構築する方途を求めるのは、これまで敷延してきた福祉コミュニティの形成の方法論にほかならない。中山間地域が抱える問題の解決は、自然環境と調和をとりながら多様な諸産業が均衡をもって存在する、多軸型国家として日本が発展する目標にもなる。福祉コミュニティを形成することは、このための1つの命運を握るものとして位置づけられるのである。

【注】

1）奥田道大編『福祉コミュニティ論』（学文社、1993年）、佐藤守編『福祉コミュニティの研究』（多賀出版、1996年）、三栖郁子編『転換期の地方都市と福祉コミュニティの可能性』（梓出版社、2002年）などがある。
2）高橋重郷「少子化の現状と将来展望」『月刊福祉』第86巻第1号（全社協、2003年）を参照。
3）Andrew Gordon, *A Modern History of Japan*, OXFORD UNIVERSITY PRESS, 2003, pp.328-332.
4）松谷明彦・藤正巌『人口減少社会の設計』中央公論新社、2002年、208頁。
5）佐々木浩『知っておきたい地方分権一括法』大蔵省印刷局、2000年、5〜19頁。
6）山本努・徳野貞雄・加来和典・高野和良『現代農山村の社会分析』学文社、1998年、5頁。

初 出 一 覧

　本書は、最初に全体を構成して書き下ろしたものであるが、途中まとまりのついた部分ごとに、論文として下記のような場に発表している。
　そうした拙稿は多くの人々から批判や指摘を受けたので、何度も加筆・修正を加えて、本書にフィード・バックしている。このためどの論文が本書の各章に該当するかを明確に示すことができないので、論文名のみをあげておく。

1）「福祉コミュニティ概念の類型化と統合の試み」『日本の地域福祉』第12巻、日本地域福祉学会、1999年。
2）「福祉コミュニティ形成の連関モデルの構想」『地域福祉活動研究』第17号、兵庫県社会福祉協議会、2000年。
3）「福祉コミュニティの概念と展開」牧里毎治編『地域福祉論』川島書店、2000年。
4）「コミュニティ・インターベンションの混合アプローチの視点」『地域福祉研究』No.28、日本生命済生会・福祉事業部、2000年。
5）「地域福祉の計画的推進」山縣文治編『別冊［発達］25──社会福祉法の成立と21世紀の社会福祉』ミネルヴァ書房、2001年。
6）「コミュニティワークとしての計画策定」『ソーシャルワーク研究』28巻1号、相川書房、2002年。
7）「地域福祉の歴史と沿革」市川一宏・牧里毎治編『地域福祉論』ミネルヴァ書房、2002年。
8）「ソーシャルワーク・アドボカシーの理論と実践の戦略」『日本の地域福祉』第16巻、日本地域福祉学会、2003年。
9）「現代の農山村（中山間）地域と地域福祉」井岡勉・坂下達男・鈴木五郎・野上文夫編『地域福祉概説』明石書店、2003年。

索　引

《あ　行》

アーバニズム ……………55, 56, 59, 62
アーリック（Erlich, J.L.）……………173
アーンスタイン（Arnstein, S.R.）………90
青井和夫 ………………………………64, 82
アソシエーション ………6, 53, 81, 82, 163
新しい社会運動 ………………6, 68, 172
アドミニストレーション …………112-114
阿部志郎……………………………………14
井岡勉………………………………………43
イーゼル（Ezell, M.）……………139, 140
飯田剛史…………………………………151, 153
育成協 ……………………………………19, 20
石川准………………………………………93
石田雄 ……………………………………171
磯村英一……………………………………58
一般的地域組織化 ………37, 69, 70, 134
稲上毅………………………………………5
今田高俊 …………………98, 128, 174, 175
意味解釈法 ………………………………174, 175
岩間伸之…………………………………137
インター・グループワーク 16, 20, 27, 123
ウイリアムズ（Williams, P.）……………152
ウェルマン（Wellman, B.）………………89
ウォーレン（Warren, R.L.）………………56
右田紀久惠 …………………35, 36, 76-78
AGIL 4機能図式……………………124, 125
　　　──への適合 …………………125-131
　　　──に対する批判 …………………132
ADR ……………………………………146
SCAPIN775号覚書 ………………………12
NPO ……………2, 92, 94-96, 98, 122, 181
エリクソン（Erikson, E.）…………………92
エルバーフェルト救済システム…………15
エルマン（Herman, J.）…………………104
エンパワーメント 95, 116, 130, 137, 142, 156

《か　行》

岡崎仁史……………………………………46
小笠原眞……………………………………52
岡村重夫 ……4, 17, 18, 20, 27, 37, 38, 69-72, 82, 83, 105, 133, 134, 155, 163
奥井復太郎…………………………………58
奥田道大 ……………24, 25, 59, 60, 70, 87
落合恵美子…………………………………89
越智昇………………………………………86
オンブズマン ………………143, 144, 155

外部アドボカシー ………………………139
仮説演繹法 ………………………174, 177
過疎 …………………………………23, 83
観察帰納法 ………………………174, 180
機能 ……………………………………81, 82
機能的コミュニティ …70, 74-76, 79-83, 163
逆機能 ……………………………171, 173
ギャルピン（Galpin, C.J.）………………53, 58
共生 ……………………………………168
行政手続法 …………………………144, 145
共同募金会 ………………………………13, 14
クーン（Kuhn, T.S.）……………………105
熊坂賢次…………………………………107
倉沢進 ……………………………51, 59, 62, 63
クラス・アドボカシー ……………138, 139
黒木利克…………………………………12-14
ケース・アドボカシー ……………138, 139
現象学的社会学 ……147-149, 151, 175, 181
高坂健次…………………………………39, 40
厚生白書…………………………………22, 25
ゴードン（Gordon, A.）…………………182
国民の社会福祉に関する活動への参加の促進を図るための措置に関する基本的な指針 ……………………………2, 26, 49
国民保健サービス及びコミュニティケア

索　引　189

法…………………………………29
ゴッフマン（Goffman, E.）…………72
コミュニティ・インターベンション　…110,
　112-117, 143, 154, 155, 165, 171, 172, 174
　─────の混合アプローチ …114, 115, 154,
　　155, 156
　─────の12の分析指標 115, 116, 171, 174
コミュニティ・ソーシャルワーク …………29
コミュニティ・ニーズ・アセスメント…120, 121
コミュニティケア　28-30, 42, 48, 49, 122, 129
コミュニティ─生活の場における人間性
　の回復………………………………23, 59

《さ　行》
在宅福祉サービスの戦略　………42, 43, 75
佐伯啓思………………………………173
作田啓一………………………………95
佐藤貞良………………………………27
佐藤守…………………………………73
真田是……………………………5, 36, 37
三元構造論…………………………36, 37
事業型社協推進事業………………44, 45
市区町村社協活動強化要項　21, 25, 27, 173
重田信一…………………………17, 32
自己組織性……………………………6, 175
自治型地域福祉………………………36, 78
市町村合併………………………183-185
市町村社協当面の活動方針…………17, 19
市民参加の八階梯……………………90, 91
下田直春………………………………132, 150
社会事業に関するGHQの6項目提案　11-13
社会システム　……6, 106-109, 123, 124, 128,
　131-133, 148, 159
社会的ネットワーク……………………89
社会福祉関係八法改正………………43, 44
社会福祉基礎構造改革………135, 136, 138
社会福祉協議会　1, 2, 136, 137, 162, 173, 181
　─────の沿革………10-21, 26-28, 42-45
　地区─────………………………80, 92

社協基本要項………………18, 20, 44, 49
　新・─────…………………………44
住民運動………………21, 24, 25, 68, 172
シュッツ（Schutz, A.）……………147-149
シュナイダー（Schneider, R.L.）…140-143
シュルツ（Shoultz, B.）………………152
人口自然減………………………183, 185
人口社会減………………………183, 185
杉岡直人………………………………80
鈴木栄太郎……………………………58
鈴木広…………………………61, 64, 65
炭谷茂…………………………………135
成年後見制度……………………135, 145
セツルメント……………………………15
セルフ・アドボカシー　…137, 152, 153, 156
セルフヘルプ・グループ………2, 92, 94-96,
　122, 153, 154, 156
ソーシャル・アクション　………6, 110, 114,
　130, 143, 154, 171, 173, 174
組織化説……………………………19, 27

《た　行》
高田真治…………………………164, 168
高根正昭…………………………103, 104
竹内愛二……………………………12, 17
タスク・ゴール　……18, 109, 129, 131, 137,
　151, 156, 158, 162, 164
田中弥生………………………………94
田村和之………………………………145
地域診断………………………121-123
地域組織化…………………………126
地域福祉計画……………71, 162-164, 176
　市町村─────…………………161
地域福祉権利擁護事業…………136, 137, 145
地方自治体社会サービス法……………29
地方分権一括法…………………147, 182
中山間地域………………181, 183-186
鶴見和子………………………………46の注
寺谷隆子………………………………137

暉峻淑子……………………………43
同心円地帯理論……………………55
ドーア（Dore, R.P.）……………63, 64
富永健一……………………………57, 106
ドラッカー（Drucker, P.F.）……………167
鳥越皓之……………………………88
トロップマン（Tropman, J.E.）…111, 114, 173

《な　行》
内発的発展……………………34, 36, 78
内部アドボカシー…………………139
永田幹夫……………………20, 28, 38
中田実………………………………80
西原和久……………………………148
ニーズ・資源調整説…………16, 17, 20, 27
日本型福祉社会論……………………26, 42
ニューステッター（Newstetter, W.I.）…16, 110
人間生態学………………………54, 58, 66

《は　行》
バーガー（Berger, P.L.）……149-152, 155
パーク（Park, R.E.）………………54, 55, 58
バージェス（Burgess, E.W.）……………54, 55
パーソンズ（Parsons, T.）…124, 125, 128, 132, 148, 175
長谷川公一…………………………172, 173
パッチシステム……………………29
花崎皋平……………………………168
馬場啓之助…………………………4
パラダイム…6, 104, 105, 108, 131, 159, 176
非貨幣的ニーズ……………38, 43, 74
ヒラリー（Hillery, G.A., Jr.）……………51
フィッシャー（Fischcher, C.S.）……89
福祉元年……………………21, 22, 27
福祉組織化……………27, 37, 38, 69, 70
福祉見直し…………………………22, 32
藤正巖………………………………182

古川孝順……………………26, 27, 48
ふれあいネットワークプラン21……44
プロセス・ゴール……18, 109, 129-131, 156-158, 162, 164, 167, 170
ベイトマン（Bateman, N.）……………152
ポストモダン………………………87, 88
ボランティア……………26, 50, 93-95, 167

《ま　行》
マートン（Merton, R.K.）…………81, 171
牧賢一…………………………12, 30の注
牧里毎治…………………35, 37, 38, 79, 80
マッキーヴァー（MacIver, R.M.）…52, 53
松下圭一……………………………77, 143
松谷明彦……………………………182
三浦文夫………………………38, 73-75
ミケルソン（Mickelson,J.S.）……………138
ミナハン（Meenaghan, T.M.）……………111
宮本憲一……………………………24
民生委員……………………10, 13, 30の注
メルッチ（Melucci, A.）………………168

《や　行》
山岡義典……………………………94
有償ボランティア………………26, 33, 95

《ら　行》
ラインゴールド（Rheingold, H.）………90
リレーションシップ・ゴール…………167
ルックマン（Luckmann, T.）　149-152, 155
レイン委員会報告………………15, 16, 110
レスター（Lester,L.）……………140-143
ロス（Ross, M.G.）………………18, 108-110
ロスマン（Rothman, J.）　109-116, 171, 172

《わ　行》
ワース（Wirth, L.）………………55, 59, 62
和田敏明……………………………73
渡戸一郎……………………………87

■著者略歴

瓦井　昇（かわらい・のぼる）
1963年　大阪市生まれ。
　　　　大阪府立大学社会福祉学部卒業、同大学院修了の
　　　　後、関西学院大学大学院博士課程単位取得。
　　　　京都府社会福祉協議会主事等を経て、
　　　　現在、福井県立大学看護福祉学部助教授。

新版 福祉コミュニティ形成の研究
―― 地域福祉の持続的発展をめざして ――

2003年8月20日　初版第1刷発行
2006年6月30日　新版第1刷発行

■著　　者――瓦井　昇
■発 行 者――佐藤　守
■発 行 所――株式会社 大学教育出版
　　　　　　〒700-0953　岡山市西市855-4
　　　　　　電話 (086) 244-1268(代)　FAX (086) 246-0294
■印刷製本――モリモト印刷(株)
■装　　丁――ティーボーンデザイン事務所

Ⓒ Noboru KAWARAI 2003, Printed in Japan
検印省略　落丁・乱丁本はお取り替えいたします。
無断で本書の一部または全部を複写・複製することは禁じられています。

ISBN4-88730-709-8